婚姻诉讼法

JAVIER ESCRIVÁ IVARS 著

宋伟光 译

清 泉 出 版 社
SPRING PUBLICATIONS

目　录

前　言 1

第一部分

第一章　开始阶段 5
第一节　诉状 5
1. 总则 5
2. 诉状的要素 7
3. 诉状的特点 8
4. 诉状的内容和格式 9
5. 附带文件 14
6. 副件 16

第二节　诉状的呈递 17
1. 日期的作用 17
2. 诉状的注册与回执单 17

第三节　对诉状的裁定 19
1. 调解 19
2. 诉状的审核 20
3. 诉状的受理或驳回 23

第四节　传唤 27

1. 对婚约辩护人的通知及对被告的传唤或传讯 27
2. 传唤的效果 28

第五节 被告之态度 31
1. 赞同庭审 31
2. 声明缺席 31
3. 辩护或反驳 32
4. 辩护和反诉 33

第六节 诉讼答辩 35
1. 诉讼标的之拟定及其内容 35
2. 诉讼答辩的效果 36

第二章 预审阶段或举证阶段 37

第一节 证据：总则 37
1. 证据 37
2. 举证的时间和形式 37
3. 举证的责任 38
4. 证据的内容 38

第二节 举证的方法及证据的采纳 41
1. 当事人的陈述 42
2. 供认 45
   2.1 供认的要素 45

- 2.2 证据力 46
- 2.3 庭外供认 46
3. 文书证明 47
- 3.1 文书类型 47
- 3.2 文书的采纳 48
- 3.3 文书的证据力 48
4. 证人及证言 50
- 4.1 谁可成为证人 50
- 4.2 作证的义务 52
- 4.3 地点 52
- 4.4 对证人询问的参与 53
- 4.5 证人的引荐 53
- 4.6 新的证词 55
- 4.7 证据的可靠性 55
- 4.8 证人的费用 56
5. 专业证据 56
- 5.1 专家 58
- 5.2 专家的启用 60
- 5.3 报告的内容 60
- 5.4 对专业证据的评估 61
- 5.5 酬劳 61
6. 亲查和检验 61
7. 推定 62

第三节 举证 65

第四节 案件的终结及公布 67
1. 卷宗的公布 67
2. 结案 68

第三章 辩论阶段 71
1. 辩护的方式 71
2. 反驳 72
3. 口头辩论 72
4. 辩论的疏忽和终结 73

第四章 判决阶段 75
1. 司法宣判 75
2. 终审判决 75

   2.1 为作出判决需遵循的内部进程 75
   2.2 判决书的拟定 77
   2.3 公布判决书的期限 78
   2.4 判决书应包括的要素 78
   2.5 判决书的内容 78
   2.6 判决书的格式或架构 79
   2.7 判决书的公布 80
   2.8 判决书的错误之修改 81
   2.9 具有与终审判决同等效力的其它司法裁定 82

第五章 抗诉阶段 83

第一节 抗告判决无效 85

1. 不可补救的无效判决 85
2. 可补救的无效判决 86
3. 主管审判员 87
4. 主动合法地提出抗告 88
5. 方法 88

第二节 上诉 89

第三节 普通上诉 91

1. 主动上诉 91
2. 不得上诉的判决 91
3. 相应法庭、上诉期限及形式 92
4. 上诉法庭、上诉期限及形式 92
5. 新的证据 94
6. 上诉权的丧失 94
7. 放弃上诉 94
8. 上诉的效果 95
9. 上诉中提出新的无效名目 95
10. 如何进行 96
11. 上诉的裁决 97

第四节 既判事项及重新起诉 99

1. 既判事项 99
2. 重新起诉 100
   2.1 要求 100
   2.2 判决的效果 101

第六章 执行阶段 103

第二部分

简式诉讼

第七章 简式诉讼 107
1. 导论 107
2. 上诉的特点及基本要求 108
3. 诉讼阶段 111
   3.1 开始阶段 112
   3.2 预审和辩论阶段 112
   3.3 裁决阶段 113
   3.4 抗诉和执行阶段 114

第三部分

各种格式和范例

1. 申请职务律师和代理人 117
2. 指派职务律师及代理人之通知 118

3. 婚姻无效案件之书面诉状（格式）..................119
4. 婚姻无效案件书面诉状（范例）..................122
5. 法庭任命书..................129
6. 法庭任命状之通知..................130
7. 法庭任命之对申请人的通知..................131
8. 设立法庭之备案..................132
9. 将诉状交予婚约辩护人之批文..................133
10. 婚约辩护人对受理诉状之意见书..................134
11. 对法庭成员的传唤..................135
12. 受理诉状之法庭会议记录..................136
13. 受理诉状及传唤法令..................137
14. 答辩方之传票..................138
15. 答辩人出庭并同意诉讼之记录..................139
16. 对诉状之回应及反诉（格式）..................140
17. 拟定诉讼标的之记录..................142
18. 诉讼标的之拟定裁定书..................144
19. 举证..................145
20. 答辩人之供词..................146
21. 对申请人的问卷调查..................149
22. 证人..................152
23. 证人问卷..................153

24. 受理证据之裁定书 155

25. 证人之传票 156

26. 当事人及证人相关信息的申请 157

27. 当事人或证人出庭之庭审 159

28. 公布证词前，再次对证人进行询问的申请 159

29. 公布诉讼之法令 160

30. 当事人对结案之申请 161

31. 结案裁定书 162

32. 当事人辩词或辩护书之格式 163

33. 当事人之辩词或辩护书（范例） 165

34. 辩护书及意见书受理法令和答辩期限之预定 195

35. 案件转由审判员最后研究之裁定书 196

36. 将卷宗转由某审判员进行最终研究之通知书 197

37. 判决日之裁定书 198

38. 最终判决之庭审记录 199

39. 公布判决之裁定书 200

40. 一审最终判决书之格式 201

41. 致涉案律师之判决通知书 204

42. 致当事人代理之判决通知书 205

43. 将判决书及卷宗转往上诉法庭之裁决书 206

44. 上诉法庭维持一审判决之裁决书 207

45. 致一审法庭之司法代理通知书 209
46. 致案件当事人之通知书 210
47. 判决登记通知书 211

参考书目 213

前 言

　　本书意欲向学生和未来的法律工作者阐述有关婚姻无效诉讼的基本内容。换而言之，其主要目的就是向教会法律系的学生、老师以及未来将要在教会法庭工作的人提供一份可参考的资料：一方面，可为其提供一份可灵活参考的资料，并有助于其对婚姻无效普通诉讼程序有一个既入门又严谨的认识，以及获得既简明且实际的知识；另一方面，也有助于老师，按照相关的教学计划，简明扼要且不失教学目的地阐述这种诉讼程序中的每一诉讼阶段和构成部分。

　　根据本书前面的目录，读者可以清楚地看到，本著作是由三部分组成。在第一部分中，作者以详尽而简短的方式，将从理论上阐述婚姻无效诉讼程序过程中每一阶段的进展。而第二部分，则向读者阐述教宗方济各在 2015 年 8 月 15 日，藉《主耶稣，宽仁的审判者》手谕所引进的一种新的诉讼程序，即简式诉讼。第三部分则向读者陈列婚姻诉讼中所需要的各种手续或法令的格式和范例，以便学生和未来教会法庭的工作者们在实际操作中随时采用。

　　为了教学目的，在理论部分的下方，添加了相关注脚，以补充主体部分；因同样的理由，也指出了相关的引用书录。

　　在第一部分——即理论部分——后面，作者又补充上了一个参考书录。其目的有二：首先是对主体部分所引用之作者的认可和肯定；其次是为了便于学生和读者，以及有志之士在个人学习和研究过程中，进行参考。除此之外，这里还有两个网址，也可随时参考：

http://www.unav.es/ima/ 和 http://www.unav.es/icf/main/do cu.htm。

此外，本人还得承认，本著作也是在教学过程中应学生——无论是瓦伦西亚大学（Universidad de Valencia，西班牙）法律系的学生，还是纳瓦拉大学（Universidad de Navarra，西班牙）婚姻和家庭学院的研究生——的要求而不断整理而成的。在此，我愿向他们对我的个人友谊、所提出的建议，以及对我所表达出来的耐心表示感谢，并祝愿他们学业有成。

最后，在此我还要特别感谢瓦伦西亚大学法学院的各位同道。尤其是玛利亚·艾莱娜·奥尔莫斯·奥特卡（Mª Elena Olmos Ortega）教授，她在本书的撰写过程中提出了许多重要而有价值的建议，从而使本书保持了应有的教学特点。

Javier Escrivá Ivars

第一部分

第一章 开始阶段

第一节 诉状

诉讼是以配偶中一方——一般是藉其合法代表——向教会法庭呈递一份被称为"诉状"的书面申请而开始的。当事人藉由此诉状，请求法庭通过适当的程序来调查并声明其与对方的婚姻无效。

1. 总则

若利害关系人或检察员并未依相关法律提出诉求，[1]审判员便不能审理任何案件。审判员的职能在于将法律落实在具体案件当中、对法律进行解释、强制履行法律或进行处罚。然而，在履行这些职能时，若审判员主动行事，换言之，在没有诉求或其他利害关系人的请求时，好像审判员显得并不公正。审判员不应成为

---

[1] 参：法典 1501 和 1674，以及宗座法律委员会于 2005 年 1 月 25 日所颁布的《婚姻的尊严》训令（下称"尊严"）114 条。由合法涉案方提出诉求而启动诉讼程序的必要性，排除了审判员主动启动诉讼的可能，但是这并不是绝对的。一旦依法所呈递之案件关乎教会公共福祉或人灵之得救，那么审判员便可，甚至应该依其职责启动诉讼。此外，根据法典 1452§2，只要认为为了避免判决会严重不公有必要，审判员可补充涉案方在提出证据或抗辩时所出现的疏漏，但法典 1600 条的规定保持不变。

另：因教会内并不存在官职，故在表达上有别于民法上的用词和表述，比如这里的"审判员"即相当于民法中的"法官"、"审判官"——译者注。

诉讼人，而应在其依法所受理的案件中，藉着合法开启的诉讼程序来行使正义。因此，审判员在无任何利益方提出诉求或起诉时，不能审理案件。

呈递给审判员的这种申请或诉求就是我们所说的诉状（亦称"起诉状"）。因此，凡是想抗诉婚姻的人，应向主管法庭呈递书面诉状。[2] 若原告（或申请人）无法呈递书面诉状，也可以口头提出诉状；在这种情况下，司法代理应命书记员将其言词陈述撰写为文书，并在经申请人确认后，由申请人签署。

根据法典 1502 和 1503，诉状可以是书面的，或以言词陈述诉请后，受命撰写成文书，并由被称为"原告"（或申请人）的人提交给主管审判员，藉以请求当局参与和维护其面对另一方——即被告（或答辩人）——所享有的合法权利。

换而言之，诉状就是原告藉以请求审判员来维护自己的权利而向其提交的诉请。[3] 藉着这一诉讼行为，原告或申请人欲启动司法诉讼，并因此向审判员提交一些其个人认为有法律依据的理由和材料，藉以解决所面对的问题或争执。

诉讼中现行的书面原则，[4] 与审判员可破例地允许原告根据法典 1503 的规定以言词陈述其诉求的事实，并不矛盾。这种应由

---

[2]　参：法典 1502、1503 和尊严 115。

[3]　关于诉状，请参 RODRÍGUEZ OCAÑA，R 的重要著作，*La demanda judicial canónica*, Pamplona 2002。

[4]　规定书面撰写司法诉状的理由并不单单是建立于主导和汇报诉讼程序的书面特征上，而是诉状本身属性和宗旨使然。即使是在以言词诉讼为主导的诉讼，其诉状也应该以书面形式为之，以便审判员和被告（或答辩人）在任何时候都能了解原告诉求的详细内容。而对案情的这种详细了解并不能通过在审理中，由书记员所记录的，原告以言词所做的陈

法定书记员书面记录的口头诉求，在撰写完毕，由原告阅读并得到确认后，便具有诉状的一切法律效果。

2. 诉状的要素

凡欲针对婚姻案件撰写诉状的人应明确了解：首先，诉状的完整内容或要素；其次，诉状与案件具体事项的关系；第三，诉状的作用，即：引进案件，并在申请人与审判员之间建立起一种司法诉讼的关系，进而，藉着审判员，在申请人与答辩人之间也建立关系，以便在合适的诉讼时刻，藉判决来答复在诉状中所提出的诉求。[5]

在一个完好的书面诉状当中，不能缺少法典 1504 所列举出的任何一项要素，且应详细而具体地陈明《婚姻的尊严》训令 116§1 所要求的内容。因此，诉状应该：

1）说明将案件呈递给何法庭；

2）界定所诉请之事项，即所涉及之婚姻，并提出宣布婚姻无效之申请，虽无需以专业而又明确的语言陈述，但至少列明所诉请之事的依据，以及复查婚姻无效之名目；

3）至少陈列以何事实及证据，申请人可证明其陈述；

4）申请人或其代理人之签字，年、月、日以及申请人或其代理人之住所，或愿文书送达之处所；

述内容，因为一方面书记员并不能很容易地将原告的诉求撰写成文字，另一方面原告也不可能藉语言以同样的准确度来表达以书面所撰写的诉状内容。

[5]　参：R. RODRÍGUEZ OCAÑA. *La demanda judicial*, op. cit。

5）指出配偶之住所或准住所（参法典 1504）。

3. 诉状的特点

尽管在特殊情况下，诉状可以是口头的，但一般来说，诉状都是书面形式的。仅就书面诉状而言，我们可以说它应该具有简短、准确、清晰、真实及有序等特点。[6]

简短：既不需要，也不宜对事由做过长而详细的陈述，否则的话，在预审之前会产生混淆。但是，书面诉状也应包含所有欲表达之内容。凡是以不相宜的推理、难以置信的夸大其词，以及以不合时宜且不重要的叙述所撰写的诉状，都是相反诉状这种简短性特征的表现。

准确：这种准确性并无意要求像古罗马审判官那样以固定的格式，必需包括所有主要的部分，诸如：论证、反驳、定罪和判决。而旨在强调应无误地列明在诉状中所应写明的要素，以便申请人、审判员以及被告（或答辩人）清楚地明白所诉求的是什么，以何理由提出诉求。

清晰：清晰而准确地撰写所欲表达之内容。这里的清晰，要求应尽力以对话者易理解的方式表达其思想和陈述事实的各种真理。很多时候，因讲述缺乏清晰性，而导致对方不理解。准确性有助于简短性和清晰性。

真实：扭曲事实和欺骗正义都是不合法的。律师在诉状中以想象或照本宣科的描述改变案情的客观真相并不能赚取威信。若诉状陈述或其内容因扭曲案情、或虚假辩词、或对客观事实疏忽、

---

[6] 参：L. Del AMO, *La demanda judicial en las causas matrimoniales*, Pamplona 1978, pp.31 y ss。

夸大而缺乏真实性，毫无疑问，这是相反诉讼坦诚性或忠诚性原则的，法庭及涉案各方都应遵守这项原则。所有这些，或与此类似的情况，无论是在案件审理的开始，还是在审理过程中，申请人一旦发现所受理的案情与客观的案情，以及证据与反证之间存在着如此大的差异，就会给申请人造成很大的伤害。

有序： 没有什么比有序更有助于诉状的清晰性了。一个条理不清的诉状就如同杂乱无章地堆积事实。诉状作为诉讼程序的开始和基础，其内容应该有组织性和逻辑性，每项要素都应有其独特作用，诸如：向法庭提出的请求、明确涉案各方、扼要地陈述事实与法律依据、诉求的总结和诉求事由、地址、日期及签名。藉着对每段以序号标明，清晰有序地罗列各项要素，这样诉状便显得有条理性。

4. 诉状的内容和格式

诉状就是由不同部分将所应包括之诉求内容整理而成的综合性文书。

抬头文

1）诉诸法庭：援求法庭之名字

换言之，欲将案件呈递之法庭的名字。在诉诸法庭时，我们是在将欲求助的司法机构具体化：就是为我们提供相应法律保障的机构。

没有必要明确知道及书明审判员或构成合议庭的审判员们的姓名。仅注明："致某某教区教会一审法庭"就足够了。

2）指明涉案各方及住址

- 谁申请，或原告及其代理人（若已设立）的姓名；住所地址和其它有关信息，诸如年龄、婚姻状况、职业、身份证号等，这些有助于恰当地明确申请诉讼之人的身份：是其本人申请呢，还是代表他人申请。

- 确立所涉及的婚姻。

- 针对谁提起诉讼，或针对诉讼之人的姓名，需要指出其住所地址或现居住地、职业和其它的明确信息，以便核实审判员是否对案件享有管辖权，如果享有对该案件的管辖权，便可传唤其进行诉讼。[7]

3）诉状事由

诉求何事，在这种情况下就是婚姻的无效性。所提诉求应该清晰、明确，以使被告可以自我辩护，以及审判员毫无疑义地明白所求何事和应在审理中争诉和解决的诉求事由。在无效婚姻的诉状中，必需清楚地列明婚姻无效所依据之某个或多个名目。[8]

法典 1493 规定，原告可以同时以不同事件来对某人提出诉讼，但某事或多个事件本身不能相互抵触，同时也不能超越所涉法庭的权限。在罗列多个事项时，不应陷入毫无分辨地滥用罗列司法名目，以致之后无法对其证实，而使被告怀疑缺乏合理理由。

---

[7] 已在诉讼中的原告还应指出接收文书送达之地，也更有理由要求指出其他涉案的人接收相应文书或通知——传唤出席诉讼、传讯、出庭作证等等——确切地址，以便法庭依其建立于被告住所或准住所之基础上的管辖权（参法典 1673-2º）来审理案件，或在有必要时，可以聆听诉讼，因为其权限是建立在被告住所所在地管辖权上（参法典 1673-3º），抑或应由多数证据实际搜集地的法庭来审理（参法典 1673-4º）。

[8] 参：法典 1677§3。

事实依据

4）简要地陈述事实和所依据的证据，以证明所主张的事项。

概括地陈述原告（或申请人）所依据的事实基础，以便审慎地证明其争诉的合理理由及事实。但没有必要大篇幅地做详细论述，因为这是属于举证和辩护阶段所需要做的；只要能够显示出并非草率地呈递诉状即可。

简要的陈述旨在提供所诉求的事由所依据的充分事实。且不应忽略决定诉求所依据之法律名目的各种实质情景，但是没有必要对其进行详细的描述。[9]毫无疑问，在诉状中所说的一切，原则上，都必须是可考证的。也可能会出现这样做给我们带来的一些后果，比如说，被告只接受其中的一些事实，而另一些则变得不重要，或只是一些无需考证的明显事实。但是，原则上我们应该考虑到在陈述诉求所依据的事实时，这些事实应该具有充分的可信性。事实的陈述应条理清晰，每段都应标上序号。[10]

---

[9] 只需以笼统的方式列举证据即可，因为正式的举证是依照法典1516，在诉讼答辩后，由审判员厘定的期限内所要做的事情。尊严117也指出："若有新的文书证据，应尽可能地附在诉状中；若是证人，则应注明其姓名及其住所。若是其他证据，则至少应概括性地陈列事实或可调查线索之因素。然在诉讼过程中并不禁止采纳任何其他证据"。

[10] 在诉状内撰写事实时应明白其目的是要将所有信息传递给一个人，即审判员，而他对此内容并不了解，但他恰恰是要依据这些内容将要作出一系列的裁决。故此，诉状撰写者首先应该弄清楚，愿意让读者所了解的是什么内容，或者什么是应该在诉状中所表达的。这是最基本的一点，同时建议开始着手这项工作的人，在开始撰写之前，先打一个草稿，将所有想表达的主题都列举出来。

一旦明了什么是我们应该表达的内容，接下来的问题就是如何去

法律依据

5）扼要地指出所援引的法律。

至于法律或法理依据，根据法典 1504-2º，只要指出——至少以笼统的方式——申请人（或原告）依何法律为基础，来证明其陈述属实。意即控诉婚姻无效之名目所对应的法律条款，以及此法庭之权限所依据的法律条款。

原告藉以说服依法审理其案件的审判员所依据的正是这些法律或法理基础。法律依据就是诉求所依据的具体法律条款。而法理依据则是依据法律条款所做的推理。

通常法律并不提供明确而不可争辩的具体案情。事实上，当我们提起诉讼的时候，是因为具有争议的案情允许做多种解释，这时候我们会请独立的第三方来落实相关的法律。若不采纳诉状的这部分，便意味着放弃维护争诉各方利益的一种基本措施。

很明显，这部分是原告藉以解释和演绎其所依据之法律的部分。从这种意义上来说，所采用的就是一般为各种诉讼所通用的做。从这种意义上来说，可以依照以下至少三步走：

1）第一步是历史性的：根据这个准则，应以时间的顺序来陈述事实：首先是 A，然后是 B，最后是 C。对初学者来说这是最简单、最值得推荐的方法。

2）第二步也是非常简单的：就是依照符合逻辑的推理步骤来陈述事实，就像审判员所撰写的判决书那样。事实陈述就是连续的事实，这些事实则是最后结论的先决条件。

3）最后，就是综合性的，也就是说混合了上述两种方法。这种做法很难保持纯粹的逻辑准则。通常的做法就是根据时间顺序陈述事实，同时也要保证一定的逻辑性，以便使审判员也能得到与我们所得到的一样的结论。

标准：条理清晰、有逻辑性、常识、事实陈述等等。故此，令人诧异的是经常会遇到一些诉状，事实陈述部分有序而有条理，但在法律依据部分则完全相反：长篇大论、既段落不分，又条理不清等等。我们应以引导事实陈述主线相同的方式，来确立法律依据部分的主线，并以同样的顺序和条理性来撰写。因此在撰写法律依据部分的时候，应记得针对撰写事实陈述部分所说的一切。

诉求

6）诉求是整个诉状的基本部分，在其中应明确地表达出所要求的是什么。当我们在法庭上，针对事由做了详细而冗长的陈述后，但在最后并未明确地表达出我们向法庭诉求的是什么，那么这样的陈述一文不值。

诉求就是原告在陈述其法律和事实理由后所做的简短结论。需要以简短、清晰和明确地方式阐明所要求的是什么，以及以何名目要求。

附带要求

7）附带要求：

在教会法典当中并未提及"附带要求"，换言之，在诉状当中并未确定，也未提及包括类似的内容。所以，针对这一点，我们所能够说的也只是依据实际经验和在法定格式上或诉状上所见到的。

附带要求是联合于文书的一种信息，是一种补充。其目的是将在诉状中忘记表达的某些内容事先添加进去。

每个附带要求都应以序号标明。附带要求只不过是附加某些信息的格式，其本身并不构成诉求。故此，还需要附加上具体的诉求。

落款

8）地址、日期与签名

意即在诉状上要书明地址和日期（年、月、日）。[11]

地址应是原告居住地，或其便于接收相关文书的实际住所所在地。

原告签名，若案件中有代理人和律师，也需要他们的签名。

5. 附带文件

- 个人身份证明：应事先核实抗诉婚姻之人的身份。针对这一点，居民身份证就足够了。

- 代理人委托书：如果启用代理人和律师，应分别出示他们的委托书。[12]如果所呈递之诉状是由代理人[13]和律师[14]签署的，那

---

[11] 此处的日期只有相对的作用，因为真正重要的日期是当诉状送达法庭秘书处，且注册之后的日期。这个日期将决定法庭审理案件的次序（参法典1458）以及计算受理或驳回期限的起始时间（参法典1506）。

[12] 通常来说，诉求是提起诉讼的一方所提出的要求（参法典1481§1）。拥有诉讼能力且具备提起诉讼条件的人可以亲自而直接地参与相应的诉讼活动。只有当审判员认为有必要的时候——通常是因缺乏专业知识而无法进行自我辩护，会因其职务而为当事人指派代理人或律师。有关义务辩护人，请参：法典1446、1490和1649§1-3°。

[13] 代理人的委任是授权某人来代表涉案方，并全程代其参与整个诉讼程序。代理人的主要职能就是代表当事人，在诉讼中代替当事人，并为了其利益而参与诉讼。总之，是涉案方的"另一个我"，以其名义，并为了他而向法庭呈递诉状、接收相关文书和通知等等。除了那些要求当

么连同诉状还应附上代理人真实委托书和律师的任命状。[15]无论是律师，还是代理人，为了能够参与具体的诉讼，应向法庭呈递各自的任命状和委托书。应该明白，他们是由同一主体，即涉案方，所任命和委托，并代其出席和参与诉讼。

法典 1484§1 规定，代理人及律师于执行职务前，应向法庭呈交真正的委托书。

- 圣事的登记：婚姻的真实证明：在婚姻无效案件中，连同诉状还应附有涉案婚姻的证明或完整记录的真实副件，抑或婚姻圣事登记，其中含有相关婚姻之举行的全部资料，诸如可能有的配偶双方的领洗日期等。

- 其它文书：比如，在涉案婚姻内出生之子女们的出生及领洗证明。如果需要，也包括双方的（民法上的）婚姻状况。

- 如若需要，还应提供证明当事人民事婚姻状况的文书。

事人直接参与的行为，或有特别代理人的情况外，代理人就如当事人本身参与诉讼一样，甚至由诉讼行为所产生的诉讼责任，也就好像是由当事人所产生的责任一样。因此，必需确定代理人与当事人之间的代理关系；如果有多个代理人时，那么启动诉讼活动的那个便为首席代理人，且为代表当事人的唯一代理人。

[14] 所任命的律师则担任着不同的职能：帮助客户撰写诉状、确立诉讼标的和依据、指出应被审理之事实的决胜点、举证、指定应出席的证人和证人证词中哪些名目是断然的；帮助当事人正确地表达异议、提出抗辩，并反驳对方辩词，推动案件的审理趋向有利于当事人。这是一项提供法律咨询的工作。所注重的不是律师这个人，而是其法律专业的准备，诸如其建议和启发的重要性。故此，这项职能甚至有时因适宜性，会由多个律师分担。

[15] 参：法典 1484。

6. 副件

尽管没有任何一条法律明确规定必需呈递诉状及附带文件的副本,否则的话,将不予受理诉状;但是,连同副本一起呈递已成为教会法庭行事的一种习惯。

第二节 诉状的呈递

有时候理论上虽是一些小细节，但在实际操作中却具有不可忽视的重要性，比如说，诉状的呈递和法庭对诉状的接收。

1. 日期的作用

毫无疑问，诉状的呈递与接收（并不是指受理）手续在诉讼上有其固有作用；因为通常来说，诉状的撰写和签署日期与向法庭呈递诉状的日期并不一致。

接收诉状的行为不同于受理或驳回诉状的行为。审判员在收到诉状后，于一个月内应对诉状做出受理或驳回的裁定（参法典1506）。

诉状送达的日期决定了法庭审理案件的先后次序，以及计算催请法庭履行其受理或驳回诉状职责的一个月期限的起始日（参法典1506）。

2. 诉状的注册与回执单

诉状一旦呈递至法庭，法庭的秘书应以其方式和印章，将诉状送达的具体日期登记在册；若当事人要求，还应将接获诉状的回执单交予他。

通常来说，原告或其代理人都会要求法庭提供一个证明接获诉状的回执单。有鉴于呈递诉状这个行为所具有的司法效果及其重要性，原告或其代理人的这种要求是极为合理且有益的。因诉状的送达本身具有的重要性，哪怕当事人并未要求，法庭秘书仍可以，甚至应该给其回执单。

第三节 对诉状的裁定

1. 调解

诉状送达后，在裁定受理还是驳回诉状之前，审判员针对每个具体案件，若认为适宜，应采取牧灵措施处理。因此，现行法典 1675 条规定："审判员，于受理案件之前，应确定婚姻已无法补救，不可能恢复夫妻生活"[16]。

若司法代理确实认为婚姻已无可挽救，在对所收到的诉状分析后，且认为依据充分，那么就应受理诉状，[17]正如法典 1676§1 所规定的："在诉状末尾签署受理法令，且应责令将一副件送达婚约辩护人；若诉状未获双方签署，副件亦应送达被告。被告应于十五日内表达其对诉状之立场"。

---

[16] 参：法典 1675 和尊严 65。在实际运作中，审判员在受理诉状之前，会传唤申请人，并从牧灵角度劝诫和鼓励他尽可能与配偶和解。这种做法或许并不是申请人所愿意的，或因婚姻已不可挽救而不必能进行和解，那么针对答辩方配偶的任何举措都将是无用的。但应注意，在无效婚姻案件中，容不得任何妥协和协议（参法典 1715），因为婚姻涉及的教会的公益（参法典 1691）。

[17] 由自动谕《主耶稣，宽仁的审判者》所修改的这一点是很重要的崭新点，因为根据修改前法典 1677§1 的规定，受理诉状之事宜应由审判长或记述员为之。正如 PEÑA GARCIA C.所言，这一修改"更易于展开诉讼"（El proceso ordinario de nulidad matrimonial en la nueva regulación procesal, en *Procesos de Nulidad matrimonial tras la reforma del Papa Francisco*，Mª. El. Olmos Ortega ed., Madrid 2016, 96）。

2. 诉状的审核

法典 1505 在规定"独任审判员或合议庭之审判长，认清案件属其管辖，而原告亦有合法诉讼能力时，应迅速作出接受或驳回诉状之裁定"的时候，已假定了这种审核。

因此，立法者明确地强调了诉讼的两个先决条件：法庭的权限和涉案方的诉讼能力。但是，毫无疑问，欲审核的诉状应该具备启动诉讼所需要的一切条件或要求。

针对诉状的要素和诉讼的前提条件，在审核时，应注意以下几点：

2.1 审判员或法庭的权限：所要求的治权[18]

凡未被保留于宗座，或由申请人选择，由宗座审理的案件，根据地域划分原则和法典 1672[19] 的规定，以下法庭有权审理无效婚姻案件：

1）婚姻缔结地的法庭；

2）被告（或答辩人）住所或准住所所在地的法庭；[20]

---

[18] 针对这一点，请参：法典 1671 和 1673；尊严 2-4 和 10。

[19] 此处为修改后的条款，而修改前，同样的内容被纳入法典 1673 条。另：以下法典引用条款，除特别注明外，均为修改后的条款——译者注。

[20] 这里所说的住所和准住所是按照法典 102 所规定的标准厘定的。教会法中的住所可以以两种方式获得：凡有意永久居住在某一堂区或至少教区内而不再迁徙者；或者在该地居住五年以上者，即在该地取得住所。而准住所的获得也是有两种方式：凡住在某一堂区内或至少教区内，有意居住至少三个月，而无改变者；或在该处居留实际已满三月者，即取得准住所。

3）原告（或申请人）住所或准住所所在地的法庭；

4）实际应在该处搜集多数证据之地点的法庭。[21]

2.2 申请人的合法诉讼能力[22]

在无效婚姻案件中，诉讼权（*ius accusandi*）有着极为突出的作用。若没有合法的起诉，案件则不被审理和判决。[23]根据法典 1674 的规定，有抗诉婚姻能力的人是：

此外，也应留意《尊严》训令 11 条的规定："1 项：为了证明依照法典 102-107 规定的教会住所，尤其是准住所，在怀疑的情况下，当事人的简单声明并不足够，需要出具教会或政府的合法证件，如果缺少这些证件，需要出具其它的相关证件证明。

2 项：如果当事人断言在某一堂区或者某一教区藉着有意至少居住三个月而获得准住所，必须特别注意他们是否真实遵守法典 102 条 2 项的规定。

3 项：夫妇以任何正当的理由长期或者无定期分居，双方各有其住所（参法典 104 条）"。

甚至《尊严》第 12 条还补充说：诉讼系属开始法院的管辖权不因当事人的住所或者准住所的改变而改变或者中止（法典 1512 条第 2 和 5 号）。

[21] 为了弄清这一点，根据《尊严》14 条的规定，既要考虑双方提出的证据，也要考虑所提供的证据是否是正式的。

[22] 参：法典 1674、1675 和 1518，以及尊严 92-94 和 143。

[23] 从这一点便能看出为了抗诉婚姻的有效性配偶双方所具有的资格或能力的重要性，只有夫妻双方都在世时，才能抗诉婚姻。因此，在夫妻一方或双方去世后，便不得抗诉婚姻（参修改后法典 1674§2 和尊严 143），除非婚姻是否有效的问题，将会影响教会法庭或国家法庭裁决另一诉讼。

- 配偶，无论是天主教徒与否；[24]
- 检察员，但仅以婚姻无效已公开，而婚姻不能补救或不合适补救者为限；[25]

法律规定或主动方——无论是个人还是公共的——这项原则决定着诉讼的开始。

2.3 正式的要求

应特别审核法典 1504 中 1°、2° 和 3° 所规定的要求，与之相对应的是《尊严》训令 116 的内容：明确法庭；诉求何事和起诉谁；事实与证据；所依据之法律；指明原告（或申请人）和律师或代理人的住所地址；签名和日期。

2.4 委任代表的能力

委任权也应该是审核的对象。若被告方（或答辩人）缺乏运用理智的能力或不具备判断能力，那么应将传唤书（或传票）送至其监护人或保佐人。若原告（或申请人）也需要监护人或保佐人，也应以同样的方式为之。

如若夫妻一方或双方于诉讼期间死亡，应遵从法典 1518 条的规定。针对这一点，尊严 143 的规定更为详细，其内容如下："若配偶一方于诉讼过程中死亡，应遵守下列规定：1° 死亡发生于诉讼终结之前，直至其配偶或其他与此有利害关系之人要求继续诉讼为止，诉讼即属中止；惟有利害关系之人得证明其身份；2° 依第 237 条之规定，死亡发生于所做之终结后，审判官应继续进行；有代理人时，应传唤其代理人，否则，应传唤亡者之继承人或继任人（参法典 1518 条；1675 条 2 项）"（也可参尊严 94）。

[24] 参：尊严 92。
[25] 教会法规定了两种使无效婚姻变为有效婚姻的方法或补救措施：单纯补救和根本补救（参法典 1156-1165）。

2.5 依据的存在与否

诉状中应该包含的事实依据或法律依据，或其它要素中的某些因素是否存在，也是需要审核的内容。

2.6 涉案人的身份

原告与被告的身份。诉讼中所需要的确切文件，原件与真实副件等。

2.7 核实各种资料

所有已准备的资料：无论是当局认可的资料，还是私人资料、陈述词、各种证明、各种举证，等等。

3. 诉状的受理或驳回

3.1 受理

审核完上述内容，司法代理[26]在核实案件确属其管辖，且原告具备合法的诉讼能力后，应藉法令裁定受理诉状。

3.2 驳回

但也可能会出现另一种情况：在核实上述内容后，司法代理以法令驳回诉状。

根据《尊严》121 和法典 1505§2，惟如下情形可驳回诉状：

---

[26] 针对这一点，尊严 120 又补充了以下内容，虽然字面上指的是审判员，但也完全适用于司法代理："1 项：视其情形，审判官可就法庭权限及原告之诉讼能力，事先做一调查。2 项：就案件而言，审判官只可针对受理或驳回诉状之事宜，调查诉状是否缺乏依据，此调查只在于核实是否可由诉讼显示根据"。

1）法庭无权审理。因此，在受理诉状之前，司法代理应核实其权限。

2）诉求毫无疑义地是由无权抗诉婚姻之人所呈递的。[27]司法代理应审核原告的诉讼能力，换言之，核实其是否具备诉讼能力，是否是合法地提起诉讼。

3）未遵守《尊严》116§1中的1-4款的规定，换言之，诉状形式上有瑕疵。

4）诉状本身确实呈现其请求缺乏根据，也不可能由诉讼显示出有任何根据；意即：诉状缺乏充分法律依据。

针对事由而言，为了正确地呈递诉状，原告只要能够使审判员看到他的请求并不缺乏法律依据即可。在诉状理由中所应寻求的内容就是法典1504-2°所列出的要求，即：诉状当中应该指出"依何法律为基础，至少大概应举出何种事实及证据，证明其陈述属实"。没有必要进行长篇而详细的论证，只需展示出并非草率地提出了诉求即可。[28]

如果诉状是因可弥补的瑕疵而被驳回的，那么在驳回诉状的法令中应指出这些瑕疵，以便使申请人可以重新正确撰写诉状并再次呈递。[29]针对诉状的驳回，申请人始终享有上诉的权利，如果诉状是由司法代理驳回的，那么在十日有效期内，可向上诉法庭提起抗告。针对诉状驳回所提起的上诉，合议庭或上诉法庭应

---

[27] 参：尊严92-93；97§1-2；106§2。

[28] 不应草率地提起诉讼，或者说，所涉及的不应是简单的争执，所陈述的事实依据和法律依据也不应是无关紧要或毫不相干的，相反，应是值得慎重考虑和引入关注的。

[29] 参：法典1505§3和尊严123。

尽速对其做出裁定。[30]

3.3 "依法"(*ipso iure*)受理诉状

在呈递诉状后，一个月内，若司法代理未曾依照法典 1505 的规定，对诉状做出受理或驳回的裁定，相关当事人可催请司法代理履行其职责；若审判员在得到催请后逾十日仍未有所表示，那么应视其为受理诉状。[31]

---

[30] 参：法典 1505-4°和尊严 124。针对上诉应尽快做出裁定，且无需对申请人进行面议，不管是公开的，还是私下的；而针对此裁定，无论结果如何，再无上诉可能。某些情况下，可接受法典 1645 和 1648 所言之"恢复原状"(*restitutio in integrum*)这种特殊的上诉。

[31] 参：法典 1506 和尊严 125。若审判员恶意疏忽，除了对其进行揭发外，还可采取刑罚措施，即因疏忽而有违法行为或过失（参法典 1378§2）。

第四节 传唤

1. 对婚约辩护人的通知及对被告的传唤或传讯

在决定受理诉状的裁定书中，应对被告方（或答辩人）进行传唤。[32]

实际上，根据法典 1676§1 的规定，司法代理应在受理原告诉状的裁定书末尾，责令将诉状副件送达婚约辩护人[33]和被告方（或答辩人），被告应于十五日之内表达其对诉状的立场。

正如前面已阐释过，这种传唤[34]应通过将传票或通知书送达[35]答辩人和婚约辩护人来完成；在传票中，应附上诉状的副件。[36]

---

[32] 参：法典 1677、1508、1511 和 1513，以及尊严 126。

[33] 这里假设司法代理人在受理诉状之前，已经任命了婚约辩护人和书记员。

[34] 参：法典 1508§1 和 1676§1，以及尊严 127。若被起诉之人不能自由行使其权利，或不能自由管理所争诉之物，根据情况的不同，可对其监护人、保佐人和特别代理人，或依法有义务以当事人之名应诉的人进行传唤（参法典 1508§3 和尊严 131）。

[35] 传唤，以及其它法律行为的通知应以邮局或其它妥善的方式进行；若有特别法，则应遵从特别法的规定。针对此点，请参：法典 1509 和尊严 130。

[36] 若审判员因有重大原因，认为于作证前，不应将起诉书通知对方，那么便无需附加起诉书（参法典 1508§2）。但无论如何，审判员应将在法令当中明确说明其裁定的理由，同时至少让被告知道原告以何名目提起诉讼，以便被告进行应诉（参法典 1676§5）。对此，尊严 127§3 解释说："应将起诉书附于传唤书内；但审判官或覆白官因有重大理由，认

若被告拒绝收受传票，或阻止传票到达自己手中，应视为已经依法传唤。[37]若传唤并未依法下达通知，诉讼便不能成立或为无效。[38]但是，若当事人双方为诉讼而实际出庭时，那么便无需进行传唤；惟需书记员将当事人出庭之事实记录于卷宗内。[39]

2. 传唤的效果

依法所完成的传唤便使当事人双方之间，以及当事人与审判员之间产生诉讼关系；同时也形成一种约束。

针对这一点，法典 1512 和《尊严》129 规定，传唤一经依法送达被告，或当事人双方为诉讼而出席于审判员前时，便产生下列效力：

1）争讼已不得私自处理

换而言之，当事人双方的争诉丧失了其独立性，其结果只能取决于法庭的最终判决。

2）案件乃属接受诉讼，且对其有权审理的法庭得以确立

另一种效果被称之为"审判权之确立"（*perpetuatio iurisdictionis*），意即：藉此确立初审之审判员或法庭的权限，并开始执行预防原则；以及明确上诉庭的权限。[40]

为于作证前，不应将起诉书通知被告，不在此限。然需将起诉之事及原告诉请之原因告知被告一方"。

[37] 参：法典 1510 和尊严 133。
[38] 参：法典 1511 和尊严 128。
[39] 参：法典 1507§3。
[40] 参：法典 1415；和法典 1438-1440 及 1444。

3）受委托之审判员的权力得到确定

受委托之审判员的管辖权因而得到确定,并且不再因委托人权利的消逝而丧失。

4）时效中断：除非另有规定,时效已中断。

5）诉讼审理开始

因此,立即遵守「诉讼一开始审理,不得为任何事变更」的原则。

第五节 被告之态度

书面诉状或依法所做之言词申请得到受理后，接下来便是审判员对被告依法进行传讯。

面对传唤及诉状，被告可能会表现出不同的态度，我们可以总结如下：1）赞同庭审；2）声明缺席；3）辩护或反驳；4）辩护和反诉。

1. 赞同庭审

被告可以对原告在诉状中所提出的诉求表示认同。在婚姻案件中可能经常会发生和出现，被告（或答辩人）赞同原告的诉求，因此也愿意服从法庭的判决。[41]被告在采取这样的立场或态度的同时，既不自我辩护，也不直面争诉。但并不因此而放任诉讼进行。面对这种认同或夫妻双方诉求一致时，将由婚约辩护人参与诉讼。这项代表公益的职能将作为涉案方对婚姻进行辩护。

2. 声明缺席

被告可以不出庭，并保持缄默。在这种情况下，依法受到传唤的被告，既不出庭，也不为其缺席做合理解释，换言之，既不反对，也不应诉，而只是保持缄默。

在这种情况下，根据《主耶稣，宽仁的审判者》自动谕所附加的《宣告婚姻无效案件之诉讼准则》中第 11 条的规定，被告

---

[41] 针对都愿遵从法庭判决的当事人双方，尊严 134§2 规定："对重新回到法庭之当事人应告知其标的之裁决、所呈递之新诉请、文书公布之裁定以及合议庭之所有决定"。

在依法第二次得到传唤后，而仍不作答，则被视为对诉状无异议。这种局面在诉讼程序中被视为声明缺席。[42]

此外，在经过详细的调查后，仍不知欲被传唤的一方身在何处时，法庭也可对其以声明缺席来处理，在这种情况下，司法代理应声明当事人缺席，并继续诉讼程序，但应在卷宗中注明已经过详细调查。特别法应就类似情况下的传唤或通知方式做出相应的规定。[43]

3. 辩护或反驳

被告的辩护或反驳可以只是被动的，或被动与主动的。

1）被动：意即：当被告只是否认原告所主张之事实和法律，或者认可事实而否认对方所主张的法律依据。

---

[42] 参：法典 1592 和尊严 138。在制定缺席法令之前，如果有必要，应再次进行传唤，并使传唤通知在有效期内依法送达被告。另一方面，尊严 134§3 还规定："应将诉讼之标的以及判决通知已声明缺席之当事人，但第 258 条 3 项不在此限"，而 258§3 则规定："若当事人之一方声明拒绝接收任何关于案情的信息，则认为其放弃接收判决书之副本。于此情景，在满全特殊法律之后，只将决议通告当事人即可"。不管怎样，值得提醒的是，根据法典 1593 和尊严 139 的规定，若被告随后于诉讼终结前出庭或做出答复，那么便可列举其主张及证据，但《尊严》239 条的规定不变；惟审判官应避免故意拖延诉讼，及不必要之延滞。哪怕被告未于诉讼终结前出庭或作答，针对判决仍有要求复查的权利；若其能证明实因正当理由而缺席，或非因其过失而先前未能表示意见者，得依《尊严》272 条 6 号之规定，可提出"判决无效"的诉求。

[43] 参：尊严 132。尊严 134§4 规定说，针对因无法获知其住所的未出庭之当事人，则无需通知。

被告可以消极地以书面回应或自我辩护；也可以进行口头辩护或亲自出庭；[44]或遵从法庭的判决。

2）被动与主动：即除了否认原告所主张之事实与法律依据外，被告提出其异议或抗辩，而原告针对此抗辩需做出其应诉。

4. 辩护和反诉

连同被动和/或主动的辩护，被告（或答辩人）可针对原告（或申请人）提起反诉，如此便可使原告（或申请人）进行应诉。[45]

---

[44] 参：法典 1513。

[45] 被告可藉其律师参与诉讼，或请求义务辩护人（参法典 1649§1-3°）。

第六节 诉讼答辩

当审判员就双方当事人之请求与答复,以法令界定诉讼的界限之后,也就是婚姻无效的名目,即发生诉讼答辩。[46]

当事人于传唤后十五日有效期内,应以书面形式对诉状做出回应,表达其立场。上述有效期届满后,当事人若仍未作出回应,根据法典 1676§2 的规定,如有需要,司法代理应"再次告诫被告表达立场"。

1. 诉讼标的之拟定及其内容

被告一旦对诉状做出回应,或逾期未表达异议,司法代理在聆听婚约辩护人的意见后,根据当事人在诉状中所表达的请求和在传唤后所做的答复,或在审判员面前以口头所做的陈词,依据法典 1676§2-§3 的规定,藉法令就诉讼标的做出裁定,并明示案件是以简式诉讼审理,[47]还是以普通诉讼审理;若是以普通诉讼审理,应藉同一法令设立合议庭,或任命独任审判员及两位陪审员。[48]应将拟定的诉讼标的的裁定通知当事人和婚约辩护人。

这项法令应于十日内通知当事人。如若对诉讼标的的裁定有异议,当事人可依据法典 1513 的规定,对其提出抗诉。

1) 诉讼标的之内容:在诉讼标的中,并不只是要提出在所涉及的案例中,婚姻的无效性是否成立,而是还应详细指出因什

---

[46] 参:法典 1513§1 和尊严 135。

[47] 参:法典 1683-1687。这种情况下,司法代理应任命预审员和一位陪审员,并传唤所有应参与庭审的人参与庭审,以搜集证据。

[48] 独任审判员是在不可能设立合议庭时来任命的(参法典 1673§2-§4)。

么名目，或因哪些名目来抗诉其有效性。⁴⁹换言之，应明确地界定出在诉讼中需审理的无效名目。

2）抗诉诉讼标的之拟定法令的条件：若有异议，在收到诉讼标的之拟定法令的通知后，需于十日有效期内，向合议庭提出抗诉。合议庭应以最快的速度对其做出裁定。⁵⁰

2. 诉讼答辩的效果

诉讼标的一旦拟定，便不得变更，除非在满足下列要求后，藉新的法令对其进行变更：1）因一方的要求，在聆听另一方意见后；2）因重大理由。换句话说，诉讼的对象一旦确立，便不能随意更改。任何的更改都需有重大原因，同时经当事人之一方向审判员提出请求，审判员在聆听另一方的意见，并考虑其理由后，方可以新的法令对其进行变更。

诉讼标的之拟定法令在下达通知，十日期满后，若当事人双方无任何异议，审判员便应以新法令裁定安排调查案件。⁵¹

---

49 参：法典 1676§5 和尊严 135§2。
50 参：法典 1513§3 和尊严 135§3。
51 参：尊严 137。

第二章 预审阶段或举证阶段

案件的调查：诉讼标的之拟定法令在下达通知，十日期满后，若无人抗诉，法庭则应以新的法令安排调查案件，并为当事人设定一适当期限，使其搜集证据和举证。

第一节 证据：总则

1. 证据

诉讼证据就是藉以向审判员展示所争诉之事的真相所需要的各种材料。证据的呈现和列举便构成了诉讼中所说的"预审阶段"或举证阶段。

2. 举证的时间和形式

关于举证时间，应该记得，在诉讼答辩后审判员为当事人搜集证据和举证所设定的适当期限。在藉着法令拟定诉讼标的并下达通知，十日期限届满后，若当事人双方未表达任何异议，那么审判员便可藉新的法令安排调查案件；同时，应为当事人设定适当的期限，以便让他们搜集和准备证据。[52]

---

[52] 参：法典 1529、1516 和 1676。但是，在审判员所制定的时间外，仍可呈递证据。缺席之一方，但在期满后出庭，也可呈递证据（参法典 1593）；当事人在传阅案卷之前和之后也可呈递证据（参法典 1570 和 1598）；甚至在已裁定结案后（参法典 1600§1）和在做出判决时（参法典 1609§5）均可呈递证据；另外就是在上诉中可呈递证据（参法典

关于形式，一般来说，在普通诉讼中，举证是以书面形式进行，并依据相关规定提交的。当事人亲自或藉其律师，以及婚约辩护人应在审判员所规定的期限内向证人或专家提出询问证据的请求，[53]但为了避免出现判决不公，且审判员认为有必要，便可以并应该为弥补当事人的疏忽而提交证据。

3. 举证的责任

凡争辩者，就有举证的责任：不管是原告，还是被告。[54]

4. 证据的内容

不应将证据的内容与诉状的内容混为一谈。证据的内容就是诉状所依据的事实，因此，与诉状的内容不同。但是，只在审判员面前肯定事实的存在以及事实的依据之证明效力仍是不够的，还需要来证明它。

法律上的证据内容就是事实，无论是现在的还是过去的，若诉状名目所涉及的是恐惧，那么其内容甚至也可以是未来的事实。除此之外，在特殊情况下，习俗、教会特别法或民法也可以作为证据。在这里需要提醒三个一般的问题：

a）无需举证

1）法律所推定的事实；[55]这样，凡有利于自己的法律上之推定，不负举证的责任，而由对方负责举证。

1639§2）。
[53] 参：法典 1552§2 和 1453，以及尊严 164 和 71。
[54] 参：法典 1526 和尊严 156§1。

涉及到婚姻问题的主要法律推定有：

- 婚姻享有法律的保护；因此对婚姻的效力有疑问时，法典1060规定，应视为有效。

- 根据法典1061§2的规定，结婚后，夫妻如已同居，即推定婚姻为已遂。[56]

- 推定前婚关系依然存在。根据法典1085§2的规定：不论前婚因何原因而无效，或解除，但在合法和确知其无效或解除之前，不得再婚。

- 对是否领洗存在疑问时，依法推定婚姻有效。意即：结婚时，如众人一致认为当事人之一方曾领过洗，或对其领洗有怀疑时，该依1060条的规定，推定其婚姻有效，至确实证明一方曾领洗，一方未领洗为止。正如法典1086§3所规定的。

- 根据法典1096§2的规定：已达生育年龄的人，不能假定其对婚姻的性质无知。

- 根据法典1101§1的规定，行婚配礼时，当事人所说的话或做的记号，即被推定为与其内在合意一致。

- 推定合意继续存在。因此，根据法典1107的规定，虽因婚姻阻碍或缺少结婚仪式而使婚姻无效，但所表示的合意，推定继

---

[55] 参：法典1526§2-1°、1584和1585，以及尊严156§2。
[56] 这一点很重要，在婚姻无效案件的调查过程中，若对婚姻未遂有盖然的疑问，法庭便可中止无效案件，在当事人的同意下，将案件转为以行政措施处理，作为预审官的同一法庭应：1）完成案件的调查，以寻求解除既成未遂婚姻；2）撰写配偶双方或其中一方请求解除的申请；3）获取教区主教对此案的意见书；4）撰写自己的意见书；5）将卷宗及其他材料呈递至宗座（参法典1681和尊严153及154）。

续存在，直至证明撤回为止。

2）当事人之一方所坚持之事实，若另一方同样接受，便无需举证，但法律或审判员要求举证者除外。[57]

b）有关当事人之供认

当涉及到公益时——诸如婚姻案件，当事人之一方的供认，免除另一方的举证责任（参法典1536§1）。[58]

c）公认之事实仍需证实

众所周知的事实也应该核实，因为很多时候公认的事实并不一定是真实的；然而，若这些事实是众所周知且真实的，那么其举证也并非难事。[59]

---

[57] 参：法典1526§2-2º。

[58] 然而，在不涉及公益的案件中，当事人的供词或非供词性声明，仍可能有证据力，但审判员应与该案之其他情况参考酌用；除非另有其它强力因素，不得认为有充分证据力（参法典1536§2）。

[59] 立法者对公认的事实保持缄默，因为根据顾问们的意见，此类事实的举证十分简单（参 *Communicationes* 11, 1979, 98）。针对诉讼当事人而言，应该以材料或证据证明这些事实的公认性，只要使审判员明认和相信这些事实即可。

第二节 举证的方法及证据的采纳

凡认为有利于审理案件而又合法的证据,无论是何种类,都可提出,[60]因此,凡其本身不合法,或其获取方式不合法的证据,均不得提交及采纳。

针对欲提交之证据的有用性或适宜性和合法性的判断,首先应由欲采用的那一方来进行。但是也可能会出现审判员在审查所提交的证据后,认为——因与所争诉之问题无关或不一致——无用或不合法,并拒绝采纳。但是若当事人坚持被审判员所拒绝之证据应该得到采纳,那么审判员应以最快的速度对此问题做出裁定。若对审判员的裁决有异议,在这种情况下不能提出上诉。[61]

---

[60] 参:法典1527和尊严157。婚姻案件中的举证通常是不易的。这类案件都是涉及公益的案件,会涉及到配偶、家庭、子女、教会等,那么其至高无上的法律便是人灵之得救。就其性质和无效名目所呈现的多样性特征——不管是因有限制,还是法定仪式上有瑕疵或未遵守法定仪式,还是因为合意存在瑕疵等——而言,都是复杂的案件。在调查过程中需要下很大的工夫,尤其是在涉及到人内在而复杂的事实时,很难核实的。无论是将有效婚姻宣布为无效,还是强令无效结婚的人如夫妻般生活在一起,都是严重的事情。因此,只要能够使审判员坚信所争诉之事实真相,便有严重理由在诉讼中提交一切合法的证据。另一方面,应该明白,凡是以侵犯他人权利或基本自由的方式所获得的证据,均不合法。证据权虽然值得尊重,但不能极端地运用法律或伦理上不容许的方式获取。任何人都不能侵犯他人保护自己隐私的权利(参法典220)。这种要求的极端现象就是圣事秘密(参法典983),因此,法典1550§2-2°规定:"……无论任何人,以任何方式藉告解之机会,所听到的事,即使仅作为事实之推断,亦不得接受"。

[61] 参:法典1527§2和1629-5°。

另一方面，若非因重大原因，同时确保通知当事人的律师，不应秘密地采纳证据。[62]

同样，若非因重大理由，审判员不应在诉讼答辩之前开始搜集证据。[63]换而言之，教会法典明确禁止在诉讼开庭审讯前开始搜集证据，换言之，在诉讼标的拟定之前不能搜集证据，因为诉讼标的决定了该调查什么，除非有重大原因，不得不这样做，比如，害怕证人去世、证人长时间缺席、对案件有价值的迹象有消失的危险，等等。

一般的证据包括：当事人的陈词[64]、供述[65]、证人[66]、公文书和私文书[67]、当事物的性质要求时，也可以引用专家[68]；亲往和检验[69]，以及在个案中其它特别的证据。

1. 当事人的陈述

天主教法典在题为"证据"的这一章当中将当事人的陈词和"供认"作为当事人之陈述的典型。

为了充分地了解真情，通常会对当事人展开询问，藉此来剖析争诉的事实，以便更好地揭露真相。[70]但是不应将当事人的"陈

---

[62] 针对这一点，请参：法典 1598§1 和尊严 157§2、230 及 234。
[63] 参：法典 1529 和尊严 160。
[64] 参：法典 1530-1538；1592-1595；1678；以及尊严 177-182。
[65] 参：法典 1535-1538；1678 和尊严 179-180。
[66] 参：法典 1547-1573 和尊严 193-202。
[67] 参：法典 1539-1546 和尊严 183-192。
[68] 参：法典 1574-1581；1678，以及尊严 203-213。
[69] 参：法典 1582-1583。
[70] 参：法典 1530 和 1742§1，以及尊严 177。

述"与"供认"（供词）相混淆；所谓"供认"是指当事人之一方承认并告发自己的某些行为，而这些行为对自己又不利。[71]

对当事人的询问都是针对由当事人、检察员和婚约辩护人所表达的立场（或所坚持的争执）而提问的。这些询问应该遵守类似于针对证人之询问所作的规定。[72]

审判员可在诉讼中任何时候对当事人展开询问，若认为对更好地揭示真相有必要或适宜，可多次展开询问；甚至当一方申请时，也可询问。[73]

只有律师和婚约辩护人，若有检察员参与诉讼，连同检察员，有权参与对当事人的询问，[74]除非法庭认为事关律师，或因事体与人之情况，应该秘密进行。

应将这些陈述视为调查真相的一种十分有用的方法。当事人对事实直接而即时的陈述，通常来说，比为了维护个人所希求的利益而注重法律依据的书面报告更为接近事实真相。所以，针对这一点，法典1508§2规定，若审判员认为原告在作陈述之前，不应让对方了解诉状内容，在传唤对方时，便不能将诉状附于传唤书内。

当事人面对审判员的合法询问，有义务作答，并告知全部真实情况。[75]若当事人拒绝回答，审判员应斟酌这种态度对案件的举证有何意义。[76]

---

[71] 参：法典1535。
[72] 参：法典1534，以及1548、1552和1558-1565。
[73] 参：法典1530和1533。
[74] 参：法典1559和1677，以及尊严159-1º。

当事人所做之陈述的证据力，则应由审判员结合与该案的其它情况参考酌用。根据法典 1536 和《尊严》训令 180 的规定，除非审判员尽可能起用证人，证明双方当事人的可信度，并利用佐证和其它辅助手段，否则不能将当事人的陈述视为具有圆满证据力。[77]

甚至法典 1678§1 还指出："在婚姻无效案件中，当事人之供认和声明，甚或可能有证据支撑当事人之可信性者，经审判员在斟酌一切线索和佐证细节后，若无其它可反驳之因素，可视之为完全充份之证据"。

当事人的供认或其他任何声明，如确知是出自对事实的误认，或者由于强迫或重大畏惧，无任何证据力。[78]

---

[75] 当审判员调查一些与案件无关的消息或事实，或询问一些与法律要求不符的问题时，便不是合法地询问（参法典 1564）。

[76] 参：法典 1531、1534 和 1548§2，以及尊严 178。审判员应评估拒绝回答对案件的举证有何意义。作为揭示过去之历史事实的一种表现，从司法上评估沉默并不是一件容易的事情。只能将沉默视为一种迹象，而其意义根据案件和情况的不同也有所不同。

[77] 参：法典 1678 和尊严 180§2。

[78] 参：法典 1538 和尊严 182。法典 1538 规定了当事人的供认或声明不具证据力的情况。在出于错误时——因无知、因搞错、因无意识或因缺乏专业知识等，所做的供认或声明便不具证据力，但是在案件的审理中，应证实所遭遇的错误。若是因缺乏专业知识，那么所做的声明是正确的，因为他自己并不了解问题所涉及的事实。供认或声明应是自由而考虑后做的，而不能受外力或重大恐惧而为之。显然，当不是出于自由和因强迫或重大畏惧而做声明时，通常来说，都不会揭示真相，或至少不是全部真相。至于这一点，请参：法典 125 和 126。

2. 供认

供认（或自讼）是指当事人一方对于有关诉讼本质之特定事实，或自动或经审判员之询问，以书面或以言词，在有管辖权之审判员面前，所做不利于己之承认。[79]但是，在婚姻无效案件中，供认则是《尊严》179§2 所规定的："指当事人一方在有管辖权之审判官面前，以书面或以言词，或自动或经审判官之询问，就其自身某一相反婚姻有效性之事实所做之肯定性声明"。

2.1 供认的要素

- 供诉的人是当事人之一方，即：原告（即申请人）或被告（即答辩人）。因此，并非是代理人或律师，更不是任何一方的证人或第三者；

- 内容：在诉讼中应由当事人证实的，为解决争诉来说重要的具体事实；

- 是一种肯定：供诉人肯定某项不利于自己的具体事实，且当事人对其所肯定的事实毫无异议。在婚姻无效案件中，正如我们上述已经说过，则是肯定一项相反婚姻有效性的事实。

- 应是以书面形式为之或是以言词表达：换言之，藉着书面表达而呈递给法庭，或当庭以口头供诉。若是当庭以口头供诉，则需要由书记员将其记录于案卷当中。

- 显然，应在有权管辖的审判员面前为之。若是在诉讼之外，在一位不具管辖权的审判员面前供诉，或在审判员这个人——但他不是作为审判员身份——面前表达，则不能被视为供认。

---

[79] 参：法典 1535 和尊严 179§1。

- 自发的或因审判员的要求而供诉。所做的供认通常来说都是较为自觉的；以偶然的方式所完成的供认，一般而言，可以作为引发供认的一个引子，从而获得更完整的供认。

- 相反自己的（或不利于自己的）：这一点是供认的典型特点，且是不可或缺的条件。其价值的心理依据来自于人的本性：没有人会主张反对自己：为自身利益而撒谎比较容易；但反对自己，撒谎则难。

2.2 证据力

至于证据力，无论是当事人的陈述，还是供认，教会立法者承认其有一定的证据力，但仍由审判员，结合其它证据和案件的情况，来明智斟酌具有何种程度的证据力。

但是，针对审判员的自由评估，法律上制定了限制：在涉及公益的诉讼中，诸如婚姻无效案件，如若没有其它强力因素，当事人的陈述和供认，仅靠其自身，便不具圆满的证据力。审判员应该查证供诉者是否自由，且无胁迫或欺骗，以严肃而坦诚的态度做供诉，是否与其所言一致；所供诉的是否是出于错误、遗忘、心理不安等；供诉内容是否明了、可信；是否与其他证人所言内容一致。[80]

2.3 庭外供认

至于在诉讼中提交的庭外供认，则由审判员斟酌所有情况后，判断该赋予其何种证据力。[81]这种庭外供认应是真正的供认，换言之，是对自己不利或反对自己的言词。其评估由审判员酌情判断。

---

[80] 参：法典 1536。
[81] 参：法典 1537 和尊严 181。

3. 文书证明

文书是指所有由人完成，并由感官能感知，且可作为重现任何事实之证据的书面资料。

在教会各种类型的诉讼中，也包括婚姻无效案件，均可使用文书作为证据，不管是公文书，还是私文书。[82]

从狭义上来说，即：从诉讼意义上说，文书是指凡是能在诉讼中可证实一项事实的书面材料。举证所采纳的不同于书面材料的事物，比如，影片、录像、照片、录音、绘画、图片、碑文等，并不是文书类证据，但却是法律上认可的对象，有时候它们比书面材料更能重现事实。因此，在提到文书证明的时候，"文书"一词所指的是狭义上的"书面"材料。

3.1 文书类型

文书可以分为公文书和私文书。公文书又可分为教会公文书和国家公文书。

- 教会公文书：是指教会公职人员，于教会内行使其职权，依法定方式所制定的文书。[83]因此，凡是出自罗马教宗、罗马教廷、主教及其公署、教会书记员、法庭书记员、圣事登记册等的文书都是教会公文书。

- 国家公文书：则是指当地国家法律所承认的文书。[84]教会立法者仅限于接纳由每个国家法律上所认可的公文书，诸如，司

---

[82] 参：法典 1539 和尊严 183。
[83] 参：法典 1540§1 和尊严 184§1。
[84] 参：法典 1540§2 和尊严 184§2。

法文书、行政文书、由公证员认证的文书，等等。

- 私文书：除上述之外的其它文书均为私文书。[85]

3.2 文书的采纳

无论是公文书，还是私文书，均可采纳为证据。当事人应向法庭办公室呈递文书原件或真实副件，[86]以便由审判员、当事人之另一方、婚约辩护人和律师审阅。否则，在诉讼中将不具证据力。审判员可令当事人双方，将双方共同的文书在诉讼中提交给法庭。[87]

如有下列情况，任何人都没义务提交文书，哪怕文书是共同之文书：1）因文书对自己、或配偶、或近血亲，或近姻亲会造成伤害；2）有泄密之虞。但是，若文书段落能够抄录，并提出其缮本而无上述损害的可能时，审判员可命令提交。[88]

在婚姻无效案件中，应该留意，诚如《尊严》186§1 所说，"于私文书中，信件：无论是于婚前之恋爱阶段，还是于婚后可信赖阶段，当事人互通之信件或由当事人写给他人之信件，只要能明显证明其真实性及写作时间者，均享有一定的证据力"。另一方面，《尊严》188 则规定："所谓的匿名信和其它任何匿名之文书，其本身不能作为旁证，但其内容能由其它原始材料得到证明者，不在此限"。

3.3 文书的证据力

除非有明显反证，公文书中直接及首要所记录的一切事项均

---

[85] 参：法典 1540§3 和尊严 184§3。
[86] 参：法典 1544 和尊严 190。
[87] 参：法典 1545 和尊严 191。
[88] 参：法典 1546§2 和尊严 192。

具有证据力。[89]

至于私文书的证据力，首先要区分被承认的文书和不被承认的文书。

若文书欲归咎之一方，或欲藉文书反对之一方不承认是文书作者或其真实性，抑或审判员不欲将其作为真实而纯正的文书采纳，[90]那么便不具证据力。甚至《尊严》185§2 更加详细地规定，私文书，由公证员对其依法做出公证后，其真实性虽被公认，但文书本身仍属私人性质。

与此同时，《尊严》186§2 解释说"犹如其他私文书，信件作为证据，其效力之大小，应由情形，尤其是其写作时间来衡量"。

若私文书经当事人确认，或经审判员认可者，可以作为证据来反对其作者或签名人，或与两者有关系的人，便具有与诉讼外供认相同的证据力。[91]

此外，在婚姻无效案件当中，根据《尊严》185§3，"为证明婚姻之无效性，所呈递之任何手稿，虽为公设公证员所保存亦然，其证据力如同私文书"。

另一方面还应留意，若证实文书有删节、更改、加添或其它缺点者，审判员应斟酌其证据之有无价值及价值几何。[92]

---

[89] 参：法典 1541 和尊严 185§1。
[90] 文书被称为真实文书，是因其归属的真实性，也就是说，欲归咎之人是文书作者。而"纯正"则是因其内容的真实性。同一公文书或私文书，可以因其作者而是真实的，但因其内容不一定是纯正的，或者说是虚假的。
[91] 参：法典 1542 和尊严 187。
[92] 参：法典 1543 和尊严 189。

4. 证人及证言

证言（或证词）是指诉讼中非属涉案方的人，在审判员面前对所了解之事实所做的陈述或声明，旨在使审判员对某一点达至信服。

在任何案件中，这种证据在审判员的督导或监督下，均可被采纳。[93] 若审判员依法传唤并询问证人，证人有义务出庭和据实相告。[94]

法庭上的证人应是可信，且与争诉和法庭没有关系的人。在审判过程中，针对与争诉相关的事实，就其所知，在遵守相应的规定下，据实相告。直至审判员采纳并令听取其证词时，方可享有诉讼证人的身份；而即时证人，则是审判员接纳时的证人。

在询问证人之前，根据法典 1554 和《尊严》199 的规定，应将证人的姓名通知双方当事人；若依审判员的明智审断，认为通知没有重大困难时，应最迟在公布证据之前进行通知。

在询问证人之前，当事人证明有正当理由时，甚至也可以要求拒绝某一证人出庭。[95]

4.1 谁可成为证人

只要法律没有明文拒绝其作全部或部分证言，任何人均可成

---

[93] 参：法典 1547 和尊严 193。

[94] 参：法典 1548 和 1562，以及尊严 193。在任何询问和司法审查中，审判员应该提醒证人有严重的义务据实作答，并告知全部实情。与据实作答的义务相连的是宣誓。根据法典 1532，应要求证人宣誓，若证人拒绝宣誓，仍应听取其证词。宣誓与否应记录于案卷当中。

[95] 参：法典 1555 和尊严 200。

为证人。⁹⁶

下列之人无资格或无能力成为证人：

- 诉讼当事人或以当事人名义涉讼者、审判员及陪审员、律师，以及其他于同一案件现在或曾经辅助当事人者。⁹⁷

- 司铎对其由告解圣事所获悉的一切事项，即使告解人请其泄露者也不可作证。⁹⁸

通常不应被接纳作为证人者有：未满十四岁的未成年人；⁹⁹以及神志不清者。¹⁰⁰但是凡审判员裁定认为有益者，均可以听取其证词。¹⁰¹

另一方面，下列人士无义务作答：¹⁰²

---

⁹⁶ 参：法典 1549 和尊严 195。

⁹⁷ 参：法典 1550§2-1° 和尊严 196§2-1°。因此，应特别注意凡是能够以证人身份有助于澄清事实的人，在案件中切勿行使此类职能。

⁹⁸ 参：法典 1550§2-2° 和尊严 196§2-2°。根据法典 983 的规定，圣事秘密是绝对不可泄露的。这是一项绝对的禁律，凡是以任何方式，藉告解的机会得知某人之事者，其证词不得被接纳，也不得作为事实的推断。

⁹⁹ 参：法典 97§2 和尊严 196§1。

¹⁰⁰ "神志不清"这种表述在法律上通常包括智力发育不全的人；反应迟缓的人；在理解、记忆和良心上有紊乱疾病的人；酗酒成性的人；急性或慢性中毒的人等等。这些以及与此类似的人都不能成为证人。但应根据个人情况进行判断，且要留意，除了智力上的缺陷外，环境和其它可能在记忆上造成影响的心理因素，以及表达方式等诸多因素。

¹⁰¹ 参：法典 1550§1 和尊严 196§1。立法者并未完全杜绝这些证人的作用；只是针对未满十四周岁的未成年人和神志不清者，由审判员具体定夺，若听取其证词，则事先藉法令明确其适宜性。

- 圣职人员对其因执行圣职所获悉之事；

- 国家公务员、医师、助产士、律师、书记及其他负责保守职务秘密者，包括仅为他人提供意见者在内，对有关保密之事项；

- 深恐因证言而对自己、或配偶、或近血亲，或近姻亲，有妨害名誉或招致受虐待，或其他重大损害的人。

4.2 作证的义务

正如法典 1557 所规定的，证人一经依法传唤，应遵命出庭，否则应向审判员说明不出庭的理由。

审判员若合法对其询问，证人应据实以答。[103]证人在作证前应宣誓；若拒绝宣誓，也应聆听其证词。[104]

4.3 地点

审理时应在法庭上对证人进行询问；但是审判员另作决定者除外。[105]

---

[102] 参：法典 1548§2 和尊严 194§2。

[103] 参：法典 1548 和 1562，以及尊严 194 和 167§1。

[104] 参：法典 1562 和尊严 167§2。

[105] 参：法典 1558§1 和尊严 162§1。针对这项一般原则的例外情况，法典 1558§2 和尊严 162§2 和§3 做了详细规定，其中包括：1）枢机主教、宗主教、主教及依本国法律享有类似特权的人，得其选定之处所对其询问；2）因路途遥远，或因疾病，或由于其他阻碍，不能或不易到法庭者，审判员得指定其询问处所；3）若在审判员辖区之外，则应征得该地教区主教的许可，并于其所指定的处所对证人进行询问（参法典 1469§2）；4）审判员也可求助于另一法庭，并在此法庭前作证。被求助的法庭应协助审判员审理案件，并遵守相关法律，且不插手其他任何与此案相关的事务和审理（参法典 1418）。

4.4 对证人询问的参与

审判员、或其委托之人、或稽查员，和书记员应参与对证人的询问。[106]

当事人之律师和代理人应参与对证人的询问，但审判员因事体或人的情况，认为应秘密进行时，则除外。[107]

检察员和婚约辩护人也可参与对证人的询问。

然而，在婚姻无效案件的诉讼过程中绝对禁止双方当事人参与对证人的询问。[108]

4.5 证人的引荐

证人的引荐应遵从下列要求：

- 需要证人作证时，应向法庭呈递证人的名单，并指出其姓名和住址，或临时居住地。[109]

- 当事人应呈递欲向证人所做询问之备忘录。[110]

- 对证人的传唤。[111]

---

[106] 参：法典 1561 和尊严 166。

[107] 参：法典 1559 和 1677§1-1°，以及尊严 159§1-1°。

[108] 参：法典 1677§2 和尊严 159§2。在普通诉讼中，双方当事人是不能参与对证人的询问的，但审判员认为应准许者，则除外（参法典 1559）。

[109] 参：法典 1552§1 和尊严 198。

[110] 参：法典 1552 和尊严 164。

[111] 参：法典 1556 和尊严 163。引荐证人的当事人也可放弃对证人的审查；但另一方或婚约辩护人若请求审查，那么需聆听证人的证词（参法典 1551 和尊严 197）。

- 审判员应核实证人的身份；并提醒证人有义务据实作答，说出全部实情，且只说实情；根据法典 1532 的规定，应要求证人宣誓；若证人拒绝宣誓，仍应聆听其证词。[112]

- 应分别对每个证人个别地进行询问。[113]证人相互间或证人与当事人间，于重大事项所言不一致时，审判员可让双方当面对质。[114]

- 应由审判员，或其委托人、或稽查员对证人进行询问。[115]律师、代理人、检察员和婚约辩护人也可提出新问题或再次询问；若欲对证人提问，应先将问题交予审判员，由他对证人进行询问。

- 不应提前将问题告知证人。如若是很难记忆之事项，审判员在认为无任何危险的情况下，方可预先给证人作若干提示。[116]

- 证人应以口头陈述证言，不得诵念文书；但有关数字及账目者除外；在这种情况下，证人可参阅所携带的记录。[117]

- 书记员应将证人的证词记录在案。证人的答复应立即由书记员逐字逐句进行记录，至少应记录与案件直接相关的证词，其它内容，根据教会法惯例，应由审判员进行概括。准许使用录音设备，但事后必须将答复撰写为文书，并尽可能由证人签署。[118]

- 询问结束后，应向证人诵念由书记员对证人的证词所做的

---

[112]　参：法典 1562 和尊严 168 及 167。
[113]　参：法典 1560§1 和尊严 165§1。
[114]　参：法典 1560§2 和尊严 165§2。
[115]　参：法典 1561 和尊严 166。
[116]　参：法典 1565 和尊严 170。
[117]　参：法典 1566 和尊严 171。
[118]　参：法典 1567 和尊严 173。

记录，或让其重听所做的录音；如若愿意，证人可对其证言进行添加、修改或进行变更。[119]

- 最后，证人、审判员和书记员应在文书上签名。[120]

4.6 新的证词

在文书公布之前，如有当事人要求，或出于职务关系，审判员认为有必要或有益，可再次对证人询问；惟应防备出现任何串通或贿赂之事发生。[121]

4.7 证据的可靠性

证人所做之陈述的综合被称之为证词（或证言）。证人之陈述的价值取决于证人的情况、其信息的合理性或与其他证人及证据的一致性或矛盾性。

针对证词的评估，审判员应考虑到以下标准或因素，[122]同时，若有必要，可要求其提供文书证明[123]：

- 诚实：基于其证人的身份和生活习惯中的坦诚度，以及伦理特质，换言之，其名誉。

- 知识：知识（或信息）的来源，换言之，由自己所知、所

---

[119] 参：法典 1569§1 和尊严 175§1。

[120] 参：法典 1569§2 和尊严 175§2。若有婚约辩护人、检察员和律师在场，他们也应在文书上签名。此外，根据法典 1437§1 的要求，若没有书记员的签名，文书无效。

[121] 参：法典 1570 和尊严 178。

[122] 参：法典 1572 和尊严 201。

[123] 这里的文书证明或证书，是由审判员因其职务而要求的，并非因当事人的请求所颁发的证明。

见或所闻而进行陈述，还是表达自己的意见、大家的共识，或是从他人所听到的。[124]

- 时间：什么时候了解到的其所陈述之事实，特别是，是否是在可疑的时间上获知的，换言之，是否是在当事人仍未考虑进行诉讼的时候。

- 可信度（或诚信度）：（证人）是否经常而确实地内外一致，或是否善变、摇摆不定或优柔寡断。

- 陈述之间的一致性：是否有同证人，[125]或陈述是否与其它证据相符。

一个证人之证言不可完全凭信；但证人有特别资格，因其职务出面作证者，或事与人的情况，而另有要求者除外。[126]

4.8 证人的费用

应根据审判员的公平核算，补偿证人为作证所支付的费用及所损失的利益。[127]

5. 专业证据

在为了核实某项事实，或为了了解某物的真实性质，而需要专业判断时，便会启用专业证据或专业人士进行协助。

---

[124] 因此，审判员在询问时，应查明其知识或信息来源，以及获知其所肯定之事实的具体时间（参法典1563和尊严168）。

[125] 同证人意即两个或两个以上证人在并无互通的情况下，对某一事实根据自己的知识所做之陈述相互一致，且无明显分歧。同证人所做的证词是可信的。

[126] 参：法典1573和尊严203。

[127] 参：法典1571。

当法律规定或因审判员要求，为了核实某项事实或确定某物的真实性质，而根据某专业或某技术的标准，需要专家的研究或见解时，应寻求专家的协助。[128]因此，若法律上规定了专家的协助，那么就必需执行。

针对法典 1084 所说的不能人道（又作"无能"）或 1095 所说的因智力上的疾病而缺乏合意或无结婚能力的婚姻案件，寻求专家的协助是必需的，除非是按情况显然不需要专家的协助。[129]

因此，《尊严》训令一方面在其第 208 条当中更加详细地规定："在有关不能人道之诉讼中，审判官得查问不能人道之属性，是绝对还是相对的，是婚前的还是婚后的，永久性的还是暂时性的，是否可治愈，藉助何等措施"。另一方面，209§1 又规定："在有关 1095 条所言无婚姻能力之诉讼中，审判官应查问专家此无能力属当事人之一方还是双方所有，在结婚之时此无能力是因某种长久病症所致还是由暂时病症所致；其严重程度如何；从何时、因何种原因,在何种情况下开始以及有所表现的"。而法典 1678§3 则指出在不能人道或因精神病症或不正常之心理因素而缺乏合意的情况下，审判员可以请一位或数位专家协助，[130]但并不包括法典 1095 所涉及的情况。

---

[128] 参：法典 1574 和 1678§3，以及尊严 203。

[129] 参：法典 1678§3。以及 JUAN PABLO II, Discurso *Viva gioia*, al Tribunal de la Rota Romana, en la inauguración del Año Judicial,5.II.1987, en *AAS* 79, 1987, 1453-1459; y Discurso *Le sono vivamente*, al Tribunal de la Rota Romana, en la inauguración del Año Judicial, 25.I.1988, en *AAS* 80, 1988, pp. 1178-1185。

[130] 诚如 PEÑA GARCÍA, C.所言："这里为限制在合意存在瑕疵——无论是法典 1095-1º, 还是 1095-2º 所列举的情况——而寻求专家的协助之

若法律上并未规定，而专家的工作对案件的调查或核实某些事实，或事物的真实属性确有必要或有益，那么审判员便可、且应该寻求有专业知识且有资质之人的合理意见。

5.1 专家

这里所说的"专家"是指为了核实某项事实或确定某事物的属性，由审判员所指定或批准的专业人士。[131]

专家是审判员的协助者，属于证据系统，但并不是证人，也不是审判员。此外，为了启用专家，《尊严》训令 205 解释说："对于专家一职，应委派那些有专业资格，且就其专业知识和经验也应有丰富资历，在操守和宗教热诚方面也享有一定声誉者"。另外又补充说："在有关法典 1095 条所言之无婚姻能力的诉讼案件

合法必要性所做的修改是具有重要意义的，因为在上述情况中，婚姻的无效并不来自于当事人人格上的持久紊乱或异常，而是因当事人不能适时地运用理智（不管是因在婚礼前酗酒、吸毒或服用药物所致），或当事人因当时的情景（如意外怀孕或其它可能导致暂时性心理紊乱或打击）而缺乏表达合意所需的内在自由。上述针对这些不具惯常紊乱的情况，经验告诉我们经过对当事人的心理评估，在这种情况下多年后，通常在结婚时心理状态仍处于紊乱中（很少有灵光），因此鉴于寻求专家评估的迟延性和昂贵的费用，审判员应具体情况具体分析寻求专家协助的必要性（尤其是专家评估是在当事人不在场，或拒绝调查的情况下，仅根据案卷进行评估），远离一切先验主义思想"。El proceso ordinario de nulidad matrimonial en la nueva regulación procesal, en *Procesos de nulidad matrimonial*… *op.cit.*, 104。

[131] 被指定的专家可自由地拒绝担任此职务，如若接受，那么便有权利得到因提供服务所应得的报酬。而成为专家和证人的义务则不同。对证人应给予补偿；而对专家则是因其专业工作，得付其报酬。

中，为使专家之鉴定切实有益，应特别留意要选择坚持基督宗教人类学原则之专家"。

在聆听双方当事人意见后，或由其推荐，法庭公设专家可由审判员、审判长或覆白官任命；[132]而私人专家则由当事人指定，但应得到审判员的批准。[133]

可以藉拒绝证人之同样的理由，拒绝专家。[134]

5.2 专家的启用

为了加深专业证据而对专家的启用程序具体为：

- 基于当事人的推荐或审判员在聆听当事人的意见后，藉其职务，指派一位或多位专家。

- 审判员界定专家审查的对象；换言之，审判员应藉着法令，确立专家在其报告书中应涉及到的每个问题，[135]同时也要留意是否往就各争诉方，以及可能的婚约辩护人。

---

[132] 参：法典 1575 和尊严 204。

[133] 参：法典 1581 和尊严 213§1。在审判员的允许下，私人专家可按需要查阅案件卷宗，并参加其专业的执行，和提交个人的报告书（参法典 1581§2 和尊严 213§2）。

[134] 参：法典 1576 和尊严 206。与证人一样，专家也可以因其不具能力或资格（参法典 1550），或因其它合理的理由（参法典 1555）而被拒绝协助调查。凡是无作证能力、或与当事人有亲属关系、或在庭外因当事人的要求而为其提供信息者，皆可被诉之为不具能力。针对案件所要求之专业，缺乏专业文凭（或学位）者，即被视为无资格。

[135] 参：法典 1577 和尊严 207。尊严 209§2 还特别指出："1° 在针对不能充份运用理智的诉讼中，应查询在结婚之时病症是否严重影响了理智之运用；其强度如何以及由何种症状表现出来；2° 在针对缺乏辨别、

- 应将案件卷宗及其它文书或辅助数据交予接受任命的专家，以便其忠实地善尽其职责。[136]

- 在聆听专家后，审判员应限定专家应完成其研究或相应调查，以及提交其鉴定报告及所得结论的时间。[137]

- 每个专家应分别各自地制作其报告书，但审判员也可命令仅作一份报告书，并由各专家签名；在此情况下，如专家有不同意见，应据实注明。[138]

- 专家应明确指出，其以何种文件或其它适当方法，确切证实人、事和地点，并用何种方式及方法执行了受托的任务，尤其是根据何种理由得出其结论。[139]

- 最后，在必要时，审判员也可以传唤专家，使其提出补充说明。[140]

5.3 报告的内容

根据法典1578§2和《尊严》训令210§2的规定，[141]专家应

判断能力的诉讼中，应查询相对重大决定而言，尤其是针对自身身份之自由选择，病症在分析和选择之官能上造成何种影响；3°而在针对能负起婚姻的基本义务之诉讼中，应查询致使当事人不仅是有严重困难，而是不能担负起婚姻的基本义务的心理性原因的属性及其严重程度"。

[136] 参：法典1577§2和尊严207§2。
[137] 参：法典1577§3和尊严207§3。
[138] 参：法典1578§1和尊严210§1。
[139] 参：法典1578§2和尊严210§2。
[140] 参：法典1578§3和尊严211。
[141] 尊严208和209也详细规定了针对不能人道和无结婚能力的婚姻案件所做之报告书的内容。

在其报告书中表达以下内容：

- 为了核实人的身份、事或地点，以及调查对象所采用的文书或方法。

- 为完成其职务，即为了完成报告，所采用的方式和措施。

- 所得到的结论，以及此结论的依据。

5.4 对专业证据的评估

首先，审判员可自由地接受专家的报告（或拒绝接受）。审判员应特别留意专家的报告；但是并无义务采纳其结论。

审判员不仅要慎重斟酌专家的结论——哪怕与事实相符，还应考虑到案件的其它情况。当审判员陈述其裁定的理由时，应指出因何故采纳或拒绝了专家的结论[142]（参法典 1579）。藉此明确彰显出，法庭并无义务采纳专家的判断。

5.5 酬劳

根据法典 1580 的规定，专家的费用及应得的酬劳，应由审判员公平裁定；有特别规定者，遵从特别规定。

6. 亲查和检验

这里所说的就是审判员对与诉讼相关的地或物的检验。

针对这种核查的规定，立法者赋予审判员完全的自由，藉以裁定其时机及进行检验。若审判员认为宜前往某处或检验某物，法典只要求其在聆听当事人后，藉着法令，简略地指出应检验的事项，并对所做的检验记录在案（参法典 1579 和尊严 212）。

---

[142] 参：法典 1579 和尊严 212。

针对检验，应指出其地点、日期和时间并传唤应出席的人。所有人到场后，审判员应让请求检验之人表达意见；然后反对方表达其意见。在聆听证人及专家的意见后，审判员应审查和斟酌所引证的材料，最后确定结论。

7. 推定

推定是指未定事实的或然揣测。[143]若立法者规定了推定，则被称之为法律上的推定（*praesumptio iuris*）；将未知的事实假定为切实的，同时并无需提出反证。因此，法典 1585 和《尊严》215 明确说"凡有利于自己之法律上之推定者，不负举证责任，而由对方负责"。

立法者并未过多考虑法律上的推定，因此，所有法律推定都得以保留。但如今任何一项法律推定都可能受到直接或间接地反驳，或者否认有迹象之事实的存在，或者承认这种事实的存在，但却否认这种迹象与未知之事实之间的连系。

若推定是由审判员或他人所为，则被称之为人的推定（*praesumptio hominis*）；就是未知之事实被认为是可能的。藉着推定，审判员可由一个确定事实（或迹象）得出符合逻辑的结果，而这些结果可以作为证实其它不确定之事实的判断标准。这就是人为的推定，这种推定可藉着反证而被推翻，同时证明在推定所依据的确定事实与所得结论之间并不存在直接的关联。

推定是审判员以某种方式藉三段论法推理所得到的结果。通

---

[143] 参：法典 1584。针对这一课题，请参：RAMIREZ NAVALÓN, R., *La presunciones en las causas matrimoniales*, en "Escritos en Honor de Javier Hervada, Ius Canonicum (volumen especial 1999), 485-490。

常是以经验作为首要前提，再以已知事实为次要前提，最终以另外一项未知事实作为推论结果，欲举证的人需先将此作为确定或可能的事实接受。

诉讼中的推定在判断和评估证据上，在核实与斟酌当事人及证人的陈述和专家报告的可信度时，以及斟酌人的情况、地点和时间上，都发挥着很重要的作用。根据《尊严》训令 216 以及法典 1586，"审判员不得设立法律未规定之推定；但根据确实而特定之事实，且因直接与争端相关连而设之者，不在此限"。同时，"亦不得设立与圣轮法院在其案例中所制定之推定相悖者"。

第三节 举证

如同其它任何诉讼行为，一般来说，举证需在法庭举行。如此以来，所呈递的举证方法一旦被采纳，那么举证便需在相应的法庭内举行。诸如传唤双方当事人表达各自立场、证人作证、专家提交报告等都是在上述法庭内进行。但亲查或检验除外，亲查就是审判员应前往某地或往就与诉讼相关的某物，在这种情况下，法庭即为审判员亲往的地方。

举证应遵从亲为原则：审判员应亲自聆听各种陈述并主持所有举证工作。审判员[144]所做的审查都应由书记员出席；尤其是在审查的时候，审判员应提醒双方当事人和证人有严重义务说出真相，还应要求他们宣誓说出真相，甚至，如若情况要求，还应承诺保守秘密；书记员也应该在卷宗中记录有否宣誓，是否做出承诺。如若婚约辩护人或律师参与举证的话，书记员也应该在卷宗中注明。

另一方面，法典1563和《尊严》168都解释说，审判员应先审查证人的身份，并询问其与当事人的关系；询问与诉讼直接有关的事项时，应查明其知识来源，及获知所陈述事项的确定时间。

此外，还应注意，询问要简短，[145]应适合被询问者的智力水平，勿要同时询问数件事项；不应使用引诱及诈欺或暗示的方法，

---

[144] 根据尊严155§2，"审判员"一词"除另有说明或因问题属性之要求另有所指外，是指审判长，覆白官，依第29条之规定被邀合作之法院审判官，以及其代表和助理，第158条2项之规定除外"。尊严167也与此类似。如若婚约辩护人或律师也参与询问，并想提出其他问题，他们应将问题提交给审判员或代审判员行事者，以便让他提出问题。

[145] 参：法典1564、1565和1566；以及尊严169-171。

应避免羞辱人，询问的内容应与案件有关。切勿将问题事先告知被询问者；[146]被询问者应以口头陈述证言，不得诵念文书；除非所涉及的是要陈述专业数据或信息，在这种情况下，专家可以参阅所携带的记录。如若被询问的人所使用的是一种审判员不熟知的语言，应寻求翻译员的帮助，但翻译员应由审判员指定，且在作答前应宣誓忠实翻译。在这种情况下，所做的陈述应以其原始语言进行记录，且应补充上相应的译文。

书记员应在审判员的指导下，立即将答复进行记录，并将所陈述的原话笔录下来，或至少应记录与案件直接有关的部分。在诉讼中准许使用录音设备或类似的工具，但事后应将所有答词撰写成文书，并尽可能地让被询问者签署。此外，书记员应确保录音的真实性，如若需要，应将其完整而安全地保存入档。

询问终结后，应向被询问者朗读书记员对其证言所作的笔录，或使其重听对其证言所作的录音，被询问者有权加添、删去、修改及变更所陈述的内容。最后，被询问者、审判员和书记员，以及可能出席的婚约辩护人、检察员和律师，应在文书上签名。

还存在着另外一种可能，即为：如若婚约辩护人或当事人要求，或出于职务关系，审判员认为必要，可再次询问已被询问过的人；惟应防备出现任何串通或贿赂的事发生。

---

[146] 但是，如果要证实的事全然忘却，如不预为提示，则不能确实说明时，审判员如认为无任何危险，可预先给证人作若干提示（参法典 1565§2 和尊严 170§2）。

第四节 案件的终结及公布

1. 卷宗的公布

证据搜集后,审判员应颁布法令,藉以公布卷宗,以便双方当事人及其律师,阅览其尚未知晓的卷宗。[147]

但是,在事关公益的案件中,为了避免重大危险,法庭可以决断某一文书不得出示任何人;惟辩护之权利常应保全。[148]

如果有婚约辩护人、律师和检察员参与案件,那么他们有权了解卷宗,即使是卷宗仍未公布,当事人仍未阅览所呈递的文书,亦然如此。应于审判员在法令中所规定的期限内,在法庭秘书处阅览卷宗。根据《尊严》233 的规定,如若当事人所在地距离此法庭遥远,可于其所在地的法庭,或其它合宜之地查阅案卷,以保全其抗辩的权利。此外,《尊严》234 还规定,"若审判官认为某一文书不应准予双方当事人阅览,以避免极重大危险,对此文书之查阅,可由其律师,在发誓或做出承诺后为之"。

在当事人查阅案卷之前,"审判员可要求当事人双方发誓或承诺不使用于查阅案卷时所得的知识,但于法庭合法抗辩时不在

---

[147] 参:法典 1598 和尊严 229。这里的"公布"不是对外公布,而是允许相关人查阅案卷。卷宗的公布十分重要,因为当事人及其律师有权查阅案卷;如若卷宗并未公布,那么将会导致判决无效,但可挽救;或将侵犯辩护权,如此,判决将是不可挽救地无效。针对这一点,请参:法典 1598§1;1620-7°;1622-5° 和尊严 231。

[148] 参:法典 1598;1445§1 和§3;1457;1546;1559;1602§2 和尊严 230 及 234。

此限"。因此，"若当事人拒绝发誓或做出承诺，可推定其已放弃查阅案卷之权利，然特别法另有规定者，不在此限"。[149]

甚至若律师请求，审判员可将卷宗的副本交予他。但是，《尊严》235§2 又规定："律师不得将案卷之抄本，无论是全部还是一部分，授予他人，包括当事人双方"。

在裁定卷宗之公布的法令当中，审判员应规定适当有效期，以便当事人、婚约辩护人和检察员依其权利提出异议或提交新的证据。此外，法典 1598§2 还规定，当事人可补充证据，并提交新的证据。

另一方面，应该注意，卷宗的公布也是为了给当事人提供补充证据的机会，证据应该得到完善。这是授权当事人补充已公布的证据，当事人可提交其它证据；在搜集完所有证据后，审判员应制定新的法令来公布案卷。[150]

2. 结案

有关提交证据和举证的一切事宜办理完毕后，结案准备即告完成；[151]审判员应颁布结案法令。若当事人声明已无其他证据可提交，或者由审判员规定提交证据的有效期已过，或者法庭表示案情已足够明了，即作结案。审判员应注意，当认为为了使案情充分清晰，仍需做某些调查时；或因在聆听婚约辩护人的意见后，需要补充所缺之证据，便不应颁布结案法令。

---

[149]　参：法典 1455§3 和尊严 232。

[150]　参：法典 1598§2 和尊严 236。无论是法典，还是《尊严》训令都未明确是否可以再次且无休止地申请补充证据。

[151]　参：法典 1599 和尊严 237-239。

因此，结案并不完全终止举证工作，为了更好地审理案件，在下列情况下，审判员可破例地再次传唤证人或另外的证人，或命其提交先前未曾要求的证据：

1) 因法典 1645§2 中 1º-3º 所列之理由，若不采纳某项新证据，判决将确实不公时；[152]

2) 对其它案件，先聆听双方当事人之意见，必须有重大理由，且又无任何欺诈或教唆的嫌疑时（参法典 1600§1）。

但是，审判员也可命令或准许提交先前并非因利益人之过错而未能提交的文书。

所有这些新的证据都应以正常的方式公布，换言之，应遵照法典 1600§3 和 1598§1，以及《尊严》229-235 所做的规定。

---

[152] 只有在下列情况下，判决方为不公：1）判决所依之证据后来发现确属虚伪，而无此证据，判决主文则不得成立；2）后来发现文件，确实无误地出现新的情况，要求审判员为相反之判决；3）判决原出于一方之欺骗行为而使他方蒙受损害者。

第三章 辩论阶段

辩护

随着结案的完成，便开启了案件辩论的阶段。在结案法令当中——或者，在重新补充证据后，以另一法令公布——审判员应规定适当且可延长的期限，使当事人根据法典 1601 和《尊严》240§1 的规定提出书面辩护或意见；同时，如果案件需要，也可藉此机会制做卷宗的摘要。

在案件的辩论阶段主要所涉及的就是双方当事人的辩护或意见，以及如果婚约辩护人和检察员也参与诉讼，那么也包括他们的意见，[153]对此，法庭应规定相应的期限，使涉案各方提交各自的意见或辩护。

1. 辩护的方式

涉案各方在辩护词中一方面要明确各自的立场，另一方面应提出反驳对方的事实和法律依据，并提出自己的结论；通常来说辩护词都是书面形式的，除非审判员经双方当事人同意——因此，若婚约辩护人和检察员参与诉讼，连同征得他们的同意——认为当庭言词辩论已够充分，正如法典 1602§1 所规定的那样。

至于卷宗摘要的制作、辩护书、辩护书的长度、副本的数量及其它类似事项，应遵从法庭的规定。[154]

---

[153]　参：法典 1434 和 1606。

[154]　参：法典 1602§3 和尊严 240§2。如果法庭许可，应将辩护书和其他文书印制出来；如果有保密的义务，应予以保密（参法典 1602§2）。

2. 反驳

涉诉各方均享有反驳对方书面辩词的权利。在相互交换辩护和意见书，以及了解婚约辩护人的意见后，双方当事人应在法庭所规定的期限内，提出各自针对对方和针对婚约辩护人之意见的答辩。[155]这种权利双方当事人仅能享用一次，但审判员因重大原因可准许再次使用。正如法典1603§2和《尊严》242§2所规定的，如果准许一方使用，应视为也准许对方使用。

根据法典 1603§3 的规定，婚约辩护人和检察员享有再次反驳双方当事人答辩的权利。最后，始终以婚约辩护人和检察员的意见来终结辩论。《尊严》243 这样规定说："1 项：公设辩护人（即婚约辩护人）有权最后提出其答辩（参法典 1603 条 3 项）。2 项：若公设辩护人，于审判官所预定之短期内，未提出其答辩，得推定于其意见书中无任何可补充之事项，可继续案件之进程"。

3. 口头辩论

在案件的书面辩论后，为了澄清若干问题，审判员可令有关人员于当庭进行适当口头辩论。[156]这种口头辩论不能替代书面辩论，而是书面辩论的补充。

根据法典 1605 和《尊严》244§2 的规定，书记员应参与上述所言之口头辩论，并依当事人之一方、或婚约辩护人的请求，或

此外，不要忘记，绝对禁止将当事人、律师或他人向审判员提供的数据，排除在卷宗之外（参法典 1604§1 和尊严 241）。

[155] 参：法典 1603§1 和尊严 242§1。
[156] 参：法典 1604§2 和尊严 244§1。

因审判员的命令,将辩论及具体事项做成笔录。

4. 辩论的疏忽和终结

　　提出辩护或意见是诉讼中的一项职责,但这项职责的履行则是非强制性的。当事人可行使其辩护权,也可明确地放弃辩护,而将自己委托于审判员的明鉴和良心;抑或静待所规定的期限届满而不采取任何行动。[157]

　　若当事人在有效期内并未提出辩护,那么便丧失此权。在这种情况下,《尊严》245§1 指出"若律师于有用时间内疏于提供辩护,应将之告知当事人并请当事人于审判官规定之期限内,亲自进行辩护,或通过依法设立之新律师为之"。

　　若双方当事人于有效时间内疏于提出辩护,或将自己委托于审判员之明鉴及良心,同时审判员斟酌案卷及证据,认为案情已十分明朗,并在询问参与诉讼的检察员及婚约辩护人的意见后,可立即宣告判决。[158]

---

[157]　参:法典 1606 和尊严 245。
[158]　参:法典 1606 和尊严 245§2。

第四章 判决阶段

最后的辩论结束后，便是审判员对案件做出判决的时候了。通常来说，诉讼程序都是以案件的判决为结尾的。判决就是审判员为解决由争诉方所提交的案件，以司法诉讼的方式审理后，所做出的合法宣判；[159]换句话说，判决就是审判员为了答复在诉讼程序中所争论的诉讼标的所得出的解决方案。

1. 司法宣判

司法宣判可分为非终审判决或法令与终审判决。

非终审判决：有时候在诉讼过程中会出现一些有争议的问题，也就是一些具体的争论点，且需要对其作出独立的裁定。这类争议被称之为附带案件，[160]对这些附带案件，则需要审判员藉着非终审判决或法令对其做出裁定。

终审判决：之所以称之为"终审"，是因为在完全办理完诉讼程序后，彻底地解决主要问题。

2. 终审判决

终审判决的拟定包括三部分：准备、辩论和撰写。这三部分应在自结案而只待判决后一个月内结束，除非是因严重理由，合议庭被解散，而需要规定更长的期限。

2.1 为作出判决需遵循的内部进程

1) 审判员们的召集：在这个进程中需要合议庭作出判决。

---

[159] 参：法典 1607。
[160] 参：法典 1578-1589；1607 和尊严 217-228。

因此，审判长应指定日期和时间，集合各审判员作出表决；除因特殊原因而另作安排外，应在法庭内集合。[161]

2）审判员们的结论：正如法典 1609§2 和《尊严》248§2 所规定的：在指定的集合日期，各审判员应分别提交对案件所作的书面结论，以及其得出结论所依据的法理及事实理由；此结论应附于卷宗内并应秘密保存。

3）评议：根据法典 1609§3 的规定，于呼求天主圣名后，应按资历先后次序，并常以案子的覆白官或报告员为首，各自提出结论，在审判长指导下加以评议，主要是确定在判决书的主文部分应定断何事。各审判员在评议的过程中，可对其先前的结论作出更改或附议，同时应对其态度的转变进行记录。最后应以多数票表决作宣判。[162]

4）伦理确定性：换言之，每个审判员对将要判决的问题应有伦理上的确定性。[163] 为了达到法律所要求的伦理确定性，仅由

---

[161] 参：法典 1609§1 和尊严 248§1。

[162] 参：法典 1426§1。如有审判员不愿附和他人之决议，得请求于上诉时将其结论呈于上级法庭（参法典 1609§4）。若在首次评议过程中不愿或未能作出判决，那么可将决议延迟于下次集会。除需完善案件的调查外，第二次集会应在一周内完成（参法典 1609§5 和 1600，以及尊严 248）。

[163] 任何审判员在对婚姻的无效性未达至伦理上的确定性之前，就宣布支持婚姻无效的判决，均是不合法的。什么是伦理确定性？在绝对确定与几乎确定或可能这两种极端之间便是伦理确定性。从肯定的角度来看，伦理确定性的特点就是排除一切盖然或合理的疑惑，它与几乎确定的区别就在于此。而从否定的角度来看，伦理确定性不容相反结论绝对可能性的存在，这是与绝对确定性的区别。

证据和各种迹象所得之结论还不够，虽然不能完全消除有相反的可能性，但仍需要排除任何对错误的积极而盖然的疑惑，不管是对法理，还是对事实。这种确定性应从案卷和证据中取得。[164]

非终审判决也应遵循为完成终审判决所进行的程序。

2.2 判决书的拟定

连同对判决的斟酌和评议，天主教法典还规定了拟定判决书应遵循的方法。

针对我们现在正讨论的宣布婚姻无效诉讼案件，在合议庭中，拟定判决书的任务是由覆白官或报告员来完成的，但是若因正当理由，在评议中认为适宜，也可将此任务交托给其中一位审判员。判决书的拟定者除由大多数审判员所提理由须优先采用者外，应采用各审判员于评议时所提出的理由。随后应将判决书交由各审判员批准（参法典1610§2和尊严249）。

1980年教宗若望保禄二世在对罗马圣轮法院的讲话中解释说："应该注意，这项调查的目的并非是为了达至对事实的随便一种真相的认识，而是为了达至伦理确定性，也就是说，'建基在法律和统辖人生的习惯'之上的确切知识。这种伦理上的确定性能够确保审判员发现应调查之事实的真相，意即：作为公义之母和准则的基本真理，因此，便能够确保审判员做出公正的判决……。伦理确定性便处于绝对确定性与几乎确定性或可能性这两种极端情况之间……伦理确定性的特点就是排除一切盖然或合理的疑惑，这是与几乎确定的区别。而从否定的角度来看，伦理确定性不容相反结论绝对可能性的存在——这是与绝对确定性的区别我们所说的这种确定性，对做出一项判决来说是必需且充分的。任何审判员在对婚姻的无效性未达至伦理上的确定性之前，就宣布支持婚姻无效的判决，均是不合法的"。

[164] 参：法典1608§1-§2和尊严247。

2.3 公布判决书的期限

根据法典 1610§3 和《尊严》249§5 的规定，判决书的发布，由定案之日算起，不得推迟超过一个月；但合议庭的各审判员，因重大理由曾规定较长期限者除外。

2.4 判决书应包括的要素

根据法典 1611 所作的规定，判决书应公正、一致、明确和理由充分。

1）**公正**：换言之，应依照所证实的事实，尊重当事人的权利和遵守法律的规定。

2）**一致**：判决书应与在诉状和可能有的反诉中——具体而言，就是诉讼标的——所表达的诉求保持一致，在判决书中应对诉讼标的做出回应。

3）**明确**：意即：判决书应指出由判决而来的当事人的义务有哪些，和如何去履行这些义务。

4）**理由充分**：应陈述出判决书主文所依据的理由或原因，无论是法律上的，还是事实上的。

2.5 判决书的内容

根据法典 1611 和《尊严》250 的规定，判决书中应包括：

1）解除争执，换言之，应在法庭上明确所争论的问题，并对每项疑问逐一作出答复。[165]

---

[165] 这是一个很重要的注释，判决书应与当事人的诉求保持一致，就像在诉讼标的中所表达的诉求，判决书上也应对其一一作答。判决书的一致性在诉讼法上是一个很重要的课题，因为其特征就是在诉讼中确保当

2）判定并明确由诉讼对当事人所产生的义务，及履行其义务的方法。[166]

3）说明判决主文所依据的法理及事实上的理由或动机。[167]

4）规定诉讼费用。

5）如若案情要求，也可添加一条限制结婚的禁令。[168]

2.6 判决书的格式或架构

法典 1612 和《尊严》253 中介绍了判决书的格式，其中这样

事人的正当诉求。这就意味着，一方面，审判员应对当事人在诉求中所表达的全部内容作出裁决；另一方面，也对审判员的判决提出了限制，即：针对当事人所提出的诉求，审判员在判决中所作的答复，既不能只答复一部分，也不能超出所提出的诉求。

[166] 甚至在判决书中也应告知当事人所应履行的伦理义务，或有可能产生的一方对另一方及子女所应尽的民事义务，比如对子女的抚养和教育（参法典 1691 和尊严 252）。

[167] 特别应该注意以下事项："1 项：判决书不应过于简单或冗长，但应明确地陈列出法理及事实之依据，应基于事实和证据，藉此使人明了正是通过此种具有逻辑性的诉讼过程，审判官才得出此种结论，并于其中根据实际情景实施法律之规定。2 项：因问题性质之要求，事实之陈述应以明智和谨慎为之，且应避免对双方当事人，证人以及审判官和其他出席法庭之人造成任何伤害"（尊严 254）。

[168] 《尊严》251 中这样规定："1 项：若在诉讼过程中，已经证实当事人之一方绝对无能，或永久性缺乏缔结婚姻契约的能力，应注明若事先未征询颁布判决书之法院，禁止缔结新婚。2 项：若当事人之一方曾因欺诈或伪装而致使婚姻无效者，在考虑所有因素后，法院应决定是否于判决书中注明无事先征询新婚举行地之教长，禁止其结婚。3 项：若下级法院在其判决书中注明此禁令，则由其上诉法院裁决是否支持或否决其禁令。"

解释说：

"1 项：于呼求天主圣名之后，判决书内应立即书明何人为审判官或法院，何人为原告、被告及代理人，详载其姓名与住址，并应书明参加诉讼之公设辩护人及检察官（参法典 1612 条 1 项）。

2 项：随后应简明陈述事实情况，当事人之主张及诉讼标的（参法典 1612 条 2 项）。

3 项：再次记载判决之理由，其中包括所依据之法理及事实之理由。

4 项：末尾应书明判决之处所及时日，独任审判官或合议庭各审判官[169]及书记官之署名（参法典 1612 条 4 项）。

5 项：此外，还应补充并说明判决是否应立即执行，上诉的方法，以及依职权呈送案情于上诉法院（参法典 1614 条；1682 条 1 项）。"

2.7 判决书的公布

为了能够发生效力，应公布判决书，[170]换言之，应将判决告知相关当事人，当事人一旦获知，判决便得以公布。如若当事人之一方认为自身利益受到侵害，可提出上诉。[171]

---

[169] 如果因过世、严重疾病或其他阻碍，某个审判员不能签署判决书，只需合议庭的审判长或司法代理做出声明，并依《尊严》248 条 6 项之规定，附加于决议之日由此审判员所签署的决议书之副本（参尊严 255）。

[170] 终审判决，如果有效，便不能撤回，即使每一审判员都赞同，也不得撤回（参尊严 259）。

[171] 参：法典 1614 和 1615，以及尊严 257。

应尽速公布判决书，判决于公布前无任何效力，即使其决议由审判员授权使双方当事人知悉亦然。

发布或通知判决的办法，可将判决书副本交给当事人双方或其代理人，可通过邮递或其它较稳妥方式送达。[172]

同时，也应将判决以同样的方式通知于婚约辩护人；若有参与诉讼，还应通知于检察员。

如果一方曾明确声明拒绝接收任何有关案件的消息，即被视为放弃了获得判决书副本的权利。在这种情况下，在尊重特别法有关规定的同时，只需将判决主文告知当事人即可。

首次声明婚姻无效的判决一旦公布，且法典 1630-1633 所规定的期限届满，那么根据修改后的法典 1679 的规定，此判决便可执行，[173]因此，被声明无效的婚姻当事人便可另结新婚，此外法典 1682§1 明确规定："但判决书附有禁令，或教区教长明令禁止结新婚者不在此列"。

2.8 判决书的错误之修改

如果判决书内出现计算上的错误，或主文内有缮写上的错误，或于陈述事实或当事人的请求有文字上的错误，或对法典 1612§4 和《尊严》253§4 的规定有疏漏时，则应对判决书进行更正或补充。[174]

---

[172] 参：法典 1615 和 1509，以及尊严 258 和 130。

[173] 这有别于法典修改前需要双重一致的判决方能执行的这种规定。这是《主耶稣，宽仁的审判者》较为新颖的地方，这是为了诉讼更为便捷的基本准则。

[174] 参：法典 1616 和尊严 260§1。这里所提到的都是在判决书中所出现的具体的错误；也可能在所要求注明的日期和地点上出现疏漏，或遗

原审法庭因当事人的声请或因职务关系，于聆听双方当事人后，应对判决书加以更正或补充，并将其事实与裁定记明于判决书尾。[175]

一方或公设辩护人有异议时，应以法令裁定附带案件，且说明理由。[176]

2.9 具有与终审判决同等效力的其它司法裁定

除了判决之外，审判员的其它裁定便是法令。这些法令，如非纯程序性的，应至少简要地指明理由，或指明于别处所列举的理由，否则不具效力。

非终审判决或附带案件的判决和法令，如果阻碍诉讼，或对整个诉讼或对诉讼的某一阶段作出终结，至少对当事人之一方来说如此，那么它便具有终审判决的效力。[177]

漏签署审判员和书记员的姓名，根据法典 1622 中的 3º 和 4º，这种疏漏属于可使判决无效但可挽救的瑕疵，故应尽量避免。

[175] 参：法典 1616§1 和尊严 260§1。

[176] 参：法典 1616§2 和 1617，以及尊严 260§2。

[177] 参：法典 1617 和 1618，以及尊严 261 和 262。

第五章 抗诉阶段

一般来说，抗诉的程序被称之为"上诉"。抗诉的目的就是对已裁定了的诉讼内容重新审理，以便其新的流程——即上诉过程——能够澄清先前已获得的诉讼结论的精确性或不明确性，以及对这些结论之判决的合法性或非法性。

上诉可分为普通上诉、特殊上诉和非常规上诉。

1）普通上诉：这是在诉讼程序中正常的上诉，无论是因为诉讼当事人提起上诉，还是因为法律规定的上诉，都是为了便于上诉得到受理和享有更大权力的司法部门处理案件。因此，普通上诉并不要求有什么因果原因，也不限制受理上诉的司法权与曾作出判决之司法权之间的关系。

这就是针对支持无效的一审判决所做的上诉，通常被称为自动上诉，[178] 藉着这种上诉，作出判决的法庭依职务应将判决书，连同其它案卷，在判决公布后二十日内，一起转交给上诉法庭。上诉法庭接到上诉后，应考虑上诉法庭婚约辩护人的意见，以及可能有的当事人之意见，然后毫无拖延地以列明充分理由的法令确认前述判决，[179] 或将案件转由普通诉讼审理。

2）特殊上诉：特殊上诉就是以一种特别而又受到限制的方式提起的上诉。为了进行这种上诉需要有特定而又具体的理由；此外，受理上诉的部门也不能对所争诉之问题的全部作出判决，而只能对此次上诉所针对之问题作出判决。这就是因抗告判决无效而提起的上诉。[180]

---

[178] 参：法典 1628 和 1682；和尊严 264 及 265。
[179] 针对这一点，尊严 267 规定了进行判决的程序。
[180] 参：法典 1619 和尊严 269-278。

3）**非常规上诉**：与其说是上诉，倒不如说的一种抗诉行为，因为它是对案件的一种重新审理，且已涉及到了主要的诉讼部分，是一个独立的诉讼程序。这就是法律上所说的重新审查或重新起诉的情况。[181]

---

[181] 参：法典 1645 和尊严 290-294。

第一节 抗告判决无效

抗告判决无效是针对判决提出抗诉的一种方法，藉以获得对判决因其本身或因诉讼过程存在重大瑕疵而宣布无效。针对判决无效，诉讼法传统上将其分为可补救的无效和不可补救的无效，根据实际标准，它包括：

1）一方面，无论是在判决的理由上，还是在判决的构成因素上，客观上存在着重要而根本，且涉及到其本质的瑕疵，因此，并不能随着时间的流逝而得到补救；

2）另一方面，涉及到判决理由的格式或判决书结构上的瑕疵，从本质上来说，是可补救的。[182]

因此，判决可以通过因存在不可补救的瑕疵来抗告判决无效，或因可补救的瑕疵抗告判决无效。接下来，我们就来看一下不可补救的无效和可补救的无效。

1. 不可补救的无效判决

法典 1620 以及《尊严》270 都列出了一系列导致判决无效且不可补救的原因或理由，其中包括一些导致彻底无效的瑕疵，也涵盖了在诉讼中可能出现的各种情况。有在下列情况者，便可导致判决无效且不可补救：

1）**有关法庭**：

- 判决出自一个绝对无管辖权之审判员或法庭。

---

[182] 可补救的瑕疵，因遵守的诉讼程序，如果并没有宣布判决无效，那么随着抗告判决无效的期限届满，便可得到补救（参法典 1616§2 和 1623）。

- 判决出自审理案件之法庭中无审判权之人。

- 审判员因受到威胁或严重恐吓而作出的判决。

2）有关当事人：

- 利害关系人或检察员未提起诉求而进行审判，或未对任何被告（或答辩人）所进行的审判。

- 对当事人双方中至少一方为无出庭资格者所做的判决。

- 未依法获得授权而以他人名义进行诉讼者。

- 侵犯当事人双方之一方的辩护权者。

3）有关诉讼内容：

并未处理争讼，即使是一部份争讼。

4）如何及何时提出抗告

针对判决无效的抗辩，其抗辩可无限期使用；[183]如以起诉方式，则应于通知判决之日起，于十年内向原法庭提出抗诉。

针对判决无效的抗诉，可于所规定的上诉期限内，与上诉一并提出。[184]

2. 可补救的无效判决

法典 1622 和《尊严》272 中列出了造成判决无效但可补救的原因：

1）导致可补救之无效的原因：

造成判决无效但可补救的这些瑕疵具有独一无二的特点，

---

[183] 参：法典 1621 和尊严 271。
[184] 参：法典 1625 和尊严 274§3。

主要有以下几种情况：

- 未依法定审判员人数作出判决。[185]
- 判决没有依据，换言之，未含有判决动机或理由。
- 判决未依法签署。
- 没有注明判决的年月日及地点。
- 判决所依据的诉讼行为本来无效，且又未补救。[186]
- 针对合法缺席之当事人所做的判决，换言之，当事人非因个人过错而合法受阻导致未能出庭。[187]

2）何时提出抗诉

针对上述所列举的无效判决提出的抗诉应于自获知判决发布后三个月内提出。[188]

针对判决无效的抗诉，可于所规定的上诉期限内，与上诉一并提出。[189]

3. 主管审判员

根据法典 1624 和《尊严》274 的规定，主管审查针对判决无效——不管是可补救，还是不可补救——之抗诉的审判员为颁布原判决书之审判员，但法典 1445§1-1° 的规定保持不变。

---

[185] 参：法典 1425 和尊严 30。
[186] 凡成文法所制定的行为无效，既为抗告无效之当事人所识，而未在判决前向审判员提出抗辩者，应视为因判决本身而得到补正（参法典 1619）。
[187] 参：法典 1593 和尊严 139§2。
[188] 参：法典 1623 和尊严 273。
[189] 参：法典 1625 和尊严 274§3。

若当事人担心原审判员已有成见，故而认为可疑时，可依法典 1450 的规定，请求更换另一审判员。[190]此外，若抗告无效所涉及的是经过两审或多审的判决，《尊严》274§2 则规定，审理此抗告的审判员为作出最后判决的审判员。

4. 主动合法地提出抗告

针对判决的无效——不管是可补救之无效，还是不可补救之无效，当事人以及藉审判员之裁定而参与诉讼的婚约辩护人和检察员均可提出抗告。[191]

若为可补救之无效，法庭可在三个月的有效期内撤回或修正自己所做的无效判决，除非在此期间已经一并提出上诉与抗告无效，[192]或者无效因三个月期限届满已得到补救。[193]

5. 方法

抗告判决无效的案件，可以依照言词诉讼程序进行审理；但是，若抗告无效的案件是依照《尊严》77§1 提出或由审判员以职权揭发，那么应根据法典 1627 以及《尊严》217-225 和 227 有关中间诉讼（或附带诉讼）的规定审理。若所做之无效判决是由合议庭为之，那么也应由一合议庭审理对其所提起的抗告。针对判决无效之抗告所做的裁定仍可提出上诉。此外，《尊严》278 还指出，当判决被上诉法庭宣布无效时，应将案件退回原审判法庭，使其依法审理案件。

---

[190] 参：法典 1624 和尊严 274§1，以及尊严 69§1。
[191] 参：法典 1626§1 和尊严 276§1。
[192] 参：法典 1625 和 1629-2°。
[193] 参：法典 1626§2 和尊严 276§2。

第二节 上诉

上诉就是向法庭提出声请对已获判决的案件再次审理。教会法理上对此存在着一定的抵触，反而藉"申诉"（recurso）这个术语来指这种抗诉司法裁定的方式；而"申诉"这个术语通常是保留在行政诉讼范畴内的。[194]

上诉即在于自认为判决不公而自身权益受到侵害者，就判决结果，向上级法庭提出上诉。因此，凡是认为因判决而受到侵害之一方，以及参与诉讼的婚约辩护人和检察员都有权针对判决而向上级审判员提起上诉，但法典1629和《尊严》280之规定保持不变。[195]

不管是针对声明婚姻无效的判决，还是支持婚姻有效的判决，均可提起上诉。

如果一审判决支持婚姻有效，那么上诉便应遵照法典1628-1640所规定的普通诉讼程序审理。

如果上诉法庭之判决结果维持以一审支持婚姻有效的判决，那么便达至正式的既判事项，根据法典1640§1的规定，只有在需要补充证据的情况下，才可再次上诉。若上诉结果仍支持婚姻无效，那么判决即可执行。[196]

---

[194] 参：法典1733及之后内容，对"申诉"（recurso）一词的使用。
[195] 参：法典1628和尊严279。
[196] 参：法典1679-1681。

第三节 普通上诉

普通上诉就是针对一审声明婚姻有效之判决而提起的上诉。若在初审中所作的判决是婚姻有效，那么针对这种判决可根据法典 1628-1640 的规定向上级法庭提出上诉。

若上诉法庭所作出的判决支持声明婚姻有效之判决，那么所得结果即为正式的既判事项，根据法典 1640§1 的规定，只有在需要补充证据的情况下，才可再次上诉。相反，若上诉结果为支持婚姻无效，那么判决即可执行。[197]

1. 主动上诉

主动上诉即为自认因判决而自身权益受到侵害之当事人，及参与诉讼的婚约辩护人和检察员所提出的上诉。[198]

如果针对上诉权出现异议时，根据法典 1631 和《尊严》282 的规定，上诉法庭应依民事言词争讼程序尽速审理。

2. 不得上诉的判决

根据法典 1629 和《尊严》280 的规定，针对以下判决不得提出上诉：

---

[197] 参：法典 1679-1681。

[198] 参：法典 1628 和尊严 279。被告（更好说是答辩人）也可利用原告所提出的上诉，反之亦然（参法典 1637§1）。如果当事人之一方针对判决中的某一名目提出上诉，另一方则可针对同一判决中的其它名目提出附带上诉，即使上诉期限已过，但需在获知对方上诉后十五日之内提出（参法典 1637§3）。

- 对教宗本人或宗座最高法院所作的判决；

- 对无效之判决；但是对上诉与抗告无效合并提出者，不在此限；[199]

- 针对已成为既判事项的判决；

- 对不具有终审判决效力的裁定或中间判决；但与终审判决之上诉合并提出者，除外；

- 对依法应予尽速解决之案件所作的判决或裁定。

3. 相应法庭、上诉期限及形式

1）**应向谁提出上诉**：上诉应向作出判决的原法庭提出。[200]

2）**上诉期限**：上诉应于获知判决宣布后，十五日之有效期内提出。

3）**形式**：可以以书面或言词的方式提出上诉。但上诉若是以言词的方式提出，应在书记员面前为之，书记员应于上诉人面前撰写成文书，如法典 1630§2 和《尊严》281§3 所规定的。

4. 上诉法庭、上诉期限及形式

1）上诉法庭

上诉应在上级法庭审理，并由其作出判决。如果未指明向何法庭进行上诉，应推定在上级法庭进行，意即：由教区法庭向都

---

[199] 参：法典 1625 和 1626，以及尊严 274-3º。
[200] 参：法典 1630§1 和尊严 281§1。

会总主教区法庭；如果都会总主教区为一审法庭，则应在由宗座所指定的常设法庭进行审理；若是教区联合法庭，则应向主教团所设立的法庭，但各教区均属同一教省者，不在此限；若属于同一教省，则应向都会总主教区法庭上诉。[201] 此外，根据法典 1444§1-1° 的规定，罗马圣轮法院以二审法庭审理经一审普通法庭所判决而又依法上诉之圣座的案件。

若当事人之一方将案件上诉至罗马圣轮法院，而另一方则上诉至另一法庭，案件则应由罗马圣轮法院审理。案件一旦上诉至罗马圣轮法院，原审法庭应将所有卷宗送达圣轮法院。如若已将卷宗送至另一上诉法庭，原审法庭应立即通知该法庭，使其将卷宗送达圣轮法院，以便开始审理案件。

此外，若法定上诉期限尚未届满，任何上诉法庭均不能合法启动案件，以免侵犯当事人向圣轮法院上诉的权利。

若另一方向另一法庭提起上诉，则案件应由较高级之法庭审理，除非该法庭已合法传唤答辩人，并藉此获得了审理案件的优先权。[202]

2）期限

根据法典 1633 和《尊严》284§1 的规定，上诉应在向上诉法庭提出后一个月内展开案件的审理，但作出原判决的审判员曾给予当事人更长时间者，不在此限。

时间的计算是持续的，一个月即为三十天，且不可延缓。[203]

---

[201] 参：法典 1632§1；1438；1439；1429 和尊严 283§1。
[202] 参：法典 1415 和 1632§2。
[203] 参：法典 202§1；1465 和 1635。

3）形式

上诉需要以书面的形式提出，藉此上诉者呈请上级法庭施以干预并纠正所抗诉的判决。若代理人和律师参与的话，应呈递真实的委任状。

同时，需要呈上原判决书的副本，并说明上诉的理由。若当事人未在有效期间内获得原法庭所颁布的判决书副本，则这段时间不计算在上诉期限内，但应将受阻之事报告给上诉法庭，上诉法庭应命原审判员尽速履行其职责。[204]

5. 新的证据

如果满全了法典 1600 的要求，在上诉中可以提交新的证据。针对婚姻无效的案件，应该留意法典 1680§3 的规定。

6. 上诉权的丧失

上诉的有效期限已过，若当事人或相关利益人未向原审法庭或上诉法庭提出上诉者，则被视为放弃上诉。[205]

7. 放弃上诉

1）谁可放弃上诉

提起上诉之人可放弃上诉，[206] 同时应满足法典 1524§3 和《尊严》151 之要求。若上诉是由原审级之婚约辩护人或检察员提起

---

[204] 参：法典 1634 和尊严 285。
[205] 参：法典 1635 和尊严 286。

的，除法律另有规定外，上诉法庭之婚约辩护人或检察员也可放弃上诉。[207]

2）对上诉人之效力

一旦放弃上诉，判决即成为既判事项，[208]但有关人之身份的案件，永不得成为既判事项，[209]因此，婚姻无效的案件也不能成为既判事项。

根据法典1525的规定，放弃上诉者，应担负由此而产生的费用。

8. 上诉的效果

一切上诉可产生两种效果，即：除了转移案件——案件转由上级审判员审理——的效果外，还产生中止执行判决的效果。[210]

9. 上诉中提出新的无效名目

正如上述所言，根据法典1680§4的规定，可以在上诉中提出新的无效名目，上诉法庭也可对其受理；但在这种情况下，上诉法庭应以第一审级的身份在同一法庭对其进行审理，而对此新名目的判决仍可向上诉法庭上诉。

这对一般原则来说，形成了一项例外，即：在上诉审级中不

---

[206] 参：法典1636§1和尊严287。
[207] 参：法典1636§2。
[208] 参：法典1641。
[209] 参：法典1643和尊严289§1。
[210] 参：法典1638。

得准许提出新的法律依据，即使有多重依据且对案件有益，也是如此，正如法典 1639 所言。

10. 如何进行

1）普通上诉

若针对支持婚姻有效的判决提起上诉，我们应区分以下各种情况：

若无新的证据：在依法拟定诉讼标的后，[211]应按一审所使用之同样的程序，进行案件辩论。

若有新的证据：应以一审对其进行审理，自此诉讼阶段开启，应作相应的适应。

如若提起上诉的判决原为支持婚姻无效，那么根据法典 1680§2 的规定，上诉法庭应先任命组成合议庭之审判员和婚约辩护人。然后规定相应的期限，以便当事人表达其异议或意见，应注意此期限无论对代表公益的婚约辩护人来说，还是婚姻当事人来说，均具有约束力。

上述期限届满后，若上诉明显地只为拖延，合议庭可立即以其法令裁定维持一审判决。相反，若上诉法庭认为上诉合理或有依据，那么，根据法典 1680§3 的规定，应按一审所使用的同样程序进行审理，并作适当的适应。

2）上诉中提出新的无效名目

作为上诉，应以前面所阐述的方式进行。

---

[211] 参：法典 1513、1639§1 和 1640。

针对新的无效名目,自受理开始,直至最终的判决,都应以一审的身份对其进行审理。[212]

11. 上诉的裁决

上诉可以藉理由充分的法令做出裁决,也可以以判决书做出判决。

---

[212] 参:法典 1683 和 1640。

第四节 既判事项及重新起诉

1. 既判事项

诉讼程序以判决——形式上的既判事项——作为结束,而判决将会产生一些具体的效果——实际上的既判事项;判决的执行性即针对这些既判事项,也界定了"既判事项的例外"。[213]

然而,作为这项一般原则的例外,凡是涉及到人身份的案件都不能成为既判事项,因此婚姻无效的案件,以及夫妻分离的案件均不能成为既判事项,正如法典 1643 和 1641 所规定的。但是,《尊严》289 中的§2 和§3 则这样规定说:"§2:被某一法院判决的婚姻案件,绝不可以在同一法院或者同一审级的法院进行判决,(尊严)第 9 条 2 项的规定,不在此限。§3:这一规定仅仅限于同一婚姻案件和同一婚姻无效的名目"。因此,这里也适用于"一事不再理"(*ne bis in idem*)原则。

尽管如此,这并不妨碍在有关人身份的案件中,以提起新诉讼为目的,向上级法庭提出上诉。但是正如法典 1644 所言,即使如此,也并不中止判决的执行。

凡是获得声明婚姻无效之判决书的婚姻当事人,根据法典 1682 的规定,自获知法令或新判决后,以及将判决或法令所做之裁定通知于原婚姻缔结地的教区教长后,便可再结新婚;但判决书中或法令裁决书中附有禁令者除外。

---

[213] 参:法典 1643。

2. 重新起诉

判决一旦得到确认或已可执行，原则上是不能再上诉的。但是，正如我们上述所言，凡是涉及到人身份的案件永不能成为既判事项，因为根据法典 1681 的规定，只要满足法典 1644 和《尊严》290 所要求的条件，仍然可以提出抗诉。

这种重新审查的上诉要求一次新的庭审，其中包括两部分：上诉的受理和随后的审理。对此的主管法庭是上级法庭，换言之，第三级法庭，根据法典 1681 的规定，通常是罗马圣轮法院，而在西班牙则是驻地于马德里的宗座使节法庭（Tribunal de la Rota de la Nunciatura Apostólica）。

2.1 要求

有关人身份，且已获得两次相同判决的案件，仍能重新提出诉讼，但需满足下列条件：

- 在任何时候均可向第三级法庭提出上诉，然而，根据 2015 年 12 月 7 日，教宗接见时针对遵守和实施新婚姻诉讼法所给予的覆文中，[214]第 II-3 条的规定，罗马圣轮法院"不欲受理在当事人之一方已缔结新婚后，又'因新的案情'而提出的上诉，除非裁决有明显不公"。

- 在提出抗诉后三十日之有效期内，上诉人应将重新审查案件之申请，连同新的证据或理由，一并呈递给上诉法庭。

---

[214] 此覆文公布在 2015 年 12 月 12 日的《罗马观察报》上。

****

- 在提交证据后，上诉法庭应在三十日内藉法令来裁定受理新案或是驳回新案的申请。[215]

- 若上诉法庭受理新案件的提出，应以普通诉讼程序对其进行审理。[216]

2.2 判决的效果

向上级法庭提出新的诉讼或审查，并不中止判决的执行，但法律另有规定，或上诉法庭因所提交之申请有可靠的依据，且执行判决会导致不可弥补的损失，而命令中止执行者，除外。[217]

---

[215] 参：法典 1644§1 和尊严 293§1。
[216] 参：尊严 293§1 和 267。
[217] 参：法典 1644§2 和 1650，以及尊严 294。

第六章 执行阶段

婚姻无效案件之判决的执行

当首次声明婚姻无效之判决可执行时,司法代理应将判决结果通知于婚姻缔结地的教区教长,[218]此教长务须尽早将婚姻无效判决记录于相应的登记册内。

1) 登记在册

教区教长应责令,将婚姻无效之判决,登记在婚姻登记薄和圣洗登记册内;若判决书内有禁令,或教区教长禁止结婚之事实,也一并登记在册。[219]

2) 司法劝诫

在声明婚姻无效的判决书中,应劝告双方当事人担负其相关的道义责任,以及可能有的民事责任,比如,对对方及对子女的赡养和教育义务。[220]

---

[218] 参:法典 1682§2 和尊严 300-301。

[219] 参:同上。

[220] 参:法典 1691§1。

第二部分
简式诉讼

第七章 简式诉讼

1. 导论

教宗方济各藉着《主耶稣，宽仁的审判者》手谕，除了对婚姻无效诉讼程序进行了重要的重新修订外，也引进了一种新的，在教区主教前进行的更为简易的诉讼方式，藉以处理那些婚姻无效性较为明显，其证据很容易收集，且无需进行详细调查的婚姻无效案件。[221]

一个不可或缺的条件就是当事人双方应事先对所争诉之事实达成一致意见（即同意对其婚姻提起诉讼），并同意采用这种简式诉讼。另一个较为突出的新颖之处就是教区主教直接履行其司法职务：教区主教本人就是审判员，[222]并且是应达到为作出判决所需要的伦理确定性的唯一审判员，同时所作出之判决应是肯定的（即支持婚姻无效的判决），而不得是否定判决；此外，也应由教区主教本人裁定是否将案件转为普通诉讼，然后由其教会

---

[221] 教宗方济各于 2015 年 8 月 15 日颁布了这道《主耶稣，宽仁的审判者》手谕。然而，教宗方济各在这道手谕前言部分"基本准则"第 4 条当中也表达了他的顾虑，其中他这样表示："简短的审理可能会置婚姻不可拆散性的原则于危险之中；也正是为此，我愿意在这类诉讼中，由主教本人担任审判官，藉其牧者职权与伯多禄一起做天主教信仰和纪律上统一的最大担保人"。

[222] 这里必须是教区主教，也就是说是已经接受圣秩祝圣的主教，且是负责一定天主子民区域的首牧，即负责教区。如果缺少这两个要素中的任何一个，均不得采用简式诉讼（参 2017 年 11 月 25 日，教宗方济各对参加罗马圣轮法院课程者的讲话）。

法庭审理。案件的审理应由一位预审员来完成，此预审员可以由司法代理本人或相称此职务的人来担任；案件的审理应在一次庭审中完成。婚约辩护人应准备其辩护词或意见书；当事人双方也可以书面形式呈递其辩词，以便在案情辩论时使用。在做出裁定时，教区主教应咨询两位陪审员的意见，其中一位应是预审员，而另一位则应是法律专家，或至少精通法律者。在作出判决时教区主教应是唯一应达至伦理确定性的人；针对教区主教所做之判决，当事人可向教省总主教或罗马圣轮法院提起上诉，上诉一旦得到受理，应将案件转交给二审法院以普通诉讼审理。

2. 上诉的特点及基本要求

在简式诉讼中，教区主教在其司法职务中扮演着主要的角色，是由教区主教直接而排他地审理案件，教区主教是此类案件的唯一审判员。

向教区主教提出的、被称为"简式"的诉讼，因立法者明确的意愿，是一种纯粹的司法诉讼，这一点在《主耶稣，宽仁的审判者》手谕前言中"基本准则"第 3 和 4 号，以及修改后的法典 1683-1687[223]和上述手谕中"宣告婚姻无效案件之诉讼准则"第 14-12 号[224]——后者一样具有法律效力——当中有所论述。

---

[223] 根据 Arroba 的观点，此类诉讼之前有三种法律规定可启发对此的解释：1）最高法院《本有法》（*lex propia*）第 118 条：宗座最高法院在那些无需其他调查的案件中，可宣告婚姻无效；2）无效性极为明显，进而准许检察员行事；3）文书诉讼。Arroba Conde, M.J.,《向主教提出的简式诉讼》（El proceso más breve ante el Obispo）, en *Reforma de los procesos y de nulidad y otras novedades*…op. cit., 255-258。

[224] 针对这些，还应补充的是由教宗方济各委托，并由宗座圣轮法院于

但是，这是一种特殊的诉讼，因为为了能够采用这种诉讼，至少需要满足两项要求，也就是法典 1683 所规定的客观条件或要求，司法代理需对此进行核实：

1）诉讼申请，也就是诉状，须"由配偶双方，或由一方在对方的同意下提出"。

2）"有证据或文书支撑之人或事物佐证，重复地显示婚姻为无效，而仔细调查及预审已无必要"。

至于第一项要求或条件，有两种方式可以满足：

- 1°. 当事人双方共同呈递诉请：在这种情况下，通常来说当事人双方是由同一代理人或/和律师代表其进行诉讼；[225] 由于争诉原则，为了确保是一种真实的诉讼，应有婚约辩护人的参与诉讼和交涉。

- 2°. 诉状由一方在对方的同意下提出：这种同意应以明确或清楚的方式表达出来。因此，司法代理应依照法典 1676§1 的规定，将诉状通知于答辩人，并给予其十五日的期限表达其立场。

如若答辩人经由两次依法传唤后，既不出庭，也不做任何答复，尽管《主耶稣，宽仁的审判者》手谕中"宣告婚姻无效案件

2016 年 1 月所颁布的《<主耶稣，宽仁的审判者>自动谕实施指南》。这部解释性文件并不具法律性质，而只是一部辅助性文件，或者指导性文件，便于使新法在整个教会中得以实施。

[225] 至于这一点，当事人双方共同呈递诉请"会对案件的审理有一定的好处，会使诉讼更为便捷，但是也可能会是一种虚假的协议，为了不择手段地达至婚姻的无效所采取的一种'计谋'"，Morán Bustos, C:, El proceso "brevior" ante el Obispo diocesano, en *Procesos de nulidad matrimonial ... op.cit.*, 138。

之诉讼准则"第 11 条规定，可将此推定为答辩人对诉状无异议，但并不能因此就被视为明确地表达了其同意，故此，也就不能依简式诉讼进行审理。[226]所以，这里所要求的"同意"应该以明确的方式表达出来，而不是推定为同意。

同样，如若答辩人诉诸于法庭的审判，我们认为他也应该证实其明确的同意，因为如若不是如此，也不能启动简式诉讼。

至于第二项要求或条件："有证据或文书支撑之人或事物佐证，重复地显示婚姻为无效，而仔细调查及预审已无必要"，《主耶稣，宽仁的审判者》手谕中"宣告婚姻无效案件之诉讼准则"第 14 条列举了一些例子："因缺乏信仰，而导致伪装合意或某项决定性地影响个人意愿的错误观点；短暂的夫妻生活；为阻止生育而促成堕胎；婚礼期间或婚礼后固执而坚持地维持婚外情；为欺骗而隐瞒不育、严重的传染病、自己曾与另一人生育子女，或自己曾坐牢；结婚的理由完全与婚姻生活不符，或因女方意外怀孕而结婚；为获得合意而施以暴力；经医学证实缺乏运用理智的能力等"。

值得提醒的是，上述所列举的这些情形或事实并不构成婚姻无效的名目，婚姻无效的原因或婚姻合意的病理性因素仅仅且只包含在法典 1095-1103 当中。那么，这些情形、事实或假设"仅仅是法理上早已明确的、婚姻合意无效的外在表征，这些表征能

---

[226] 宗座法律委员会在 2015 年 10 月 1 日对两个问题的答复中，也做出了类似的解释。参：Prot. N. 15138/2015 y Prot. N. 15139/2015, en www.delegumtextibus.va "on the conversion of the formal process to the processus brevior", "on the consent of both paries as requirement for the processus brevior"。

够很容易地由证据或极易寻获的文书得以证实"。[227]

因此，在诉状中仅援引事实是不够的，还应阐述事实，或由证据或文书来证实事实，且无需后续的调查，便能明显地展示出婚姻的无效性。这里所说的"证据"，既包括当事人的供述和供词，及证人的证词，也包括证实当事人可信度或其真实性的证据、证人或文书。这就意味着在呈递诉状之前，律师已经完成了详尽的调查，有时候这种调查也并不容易进行。

至于文书，既包括公文书，不管是教会性的，还是民事性的，也包括私文书。这里也包括结婚前的医学或医生证明或专家的报告书，但为了呈递婚姻无效的诉状，因当事人的要求而完成的证明或报告则不能受理。

鉴于上述所言，总的来说，我们可以认为这种简式诉讼并不适用于那些根据法典 1678§3 的规定，依法必需诉诸专家的案件。很显然，正如上述所引用的教宗手谕中"宣告婚姻无效案件之诉讼准则"第 14 条 2 项所言，医学文件或报告已明显证明真相，而无需专家再行鉴定，便可展开简式诉讼。

故此，司法代理应确保满全这两项要求或条件，方可采用简式诉讼审理婚姻无效案件。

3. 诉讼阶段

3.1 开始阶段

这一阶段藉由呈递书面诉状而开始，诉状中除了包含法典 1504 所列举的要素外，还应满足法典 1684 所规定的要求："1°简

---

[227] 宗座圣轮法院，《<主耶稣，宽仁的审判者>自动谕实施指南》，2016 年 1 月。

短、完整而清晰地陈明诉状所依据之事实；2°指明审判员可立即搜集之证据；3°在附件出示诉状所依据之文书"。

尽管从实际操作角度来看，诉状是由司法代理接受的，但实际上诉状应该是投向教区主教的，司法代理只是协助教区主教对诉状进行审核，查看是否具备以简式诉讼对相关案件进行审理的条件。

由当事人双方共同或一方在另一方的同意下，将诉状呈递后，司法代理应聆听婚约辩护人的意见，然后藉法令，依职务拟定诉讼标的，并任命一位预审员[228]和一位陪审员。

3.2 预审和辩论阶段

在拟定诉讼标的的同一法令中，还应传唤双方当事人、婚约辩护人以及为搜集证据所需之证人。

根据法典 1685 和 1686 的规定，应在拟定诉讼标的后三十日之内进行庭审，且应尽可能在一次庭审中搜集所有证据。同时，教宗手谕《主耶稣，宽仁的审判者》之"宣告婚姻无效案件之诉讼准则"第 17 条还指出："若在诉状中未曾附上当事人或证人之辩论条款，可于预审前至少三天将之呈递"。

在唯——次庭审中搜集所有证据后[229]，书记员应将其记录在案，然而，诚如上诉所引用之"宣告婚姻无效案件之诉讼准则"

---

[228] 甚至，教宗手谕中"宣告婚姻无效案件之诉讼准则"第 16 条还规定，司法代理可自行担任预审员，同时也指出"应尽可能从案件所属教区任命一位预审员"。

[229] "宣告婚姻无效案件之诉讼准则"第 18 条第 1 项的规定至少让人觉得有点意外，因为它与法典 1677§2 的规定似乎有些矛盾：后者指出当事人不得参与"对当事人、证人及专家之审查"；而前者在所涉及的

第 18 条第 2 项中所规定的"仅需简要记述该有争议的婚姻的主要事实即可",以便完成对案件的预审。同时,法典 1686 还指出,应在十五日期限内"呈递支持婚约之意见书及可能有之当事人之辩词"。

3.2 裁决阶段

根据法典 1687§1 的规定,在收到案卷后,"教区主教,在咨询预审员和陪审员,并斟酌婚约辩护人之意见及可能有的当事人之辩词后,若就婚姻之无效性已达至常情确定性(即伦理确定性),即可宣布判决,否则应循普通诉讼审理案件"。换言之,教区主教或声明婚姻无效,即:对案件做出肯定判决;或将案件转由普通诉讼审理。

因此,唯一有权作出判决[230]的人就是教区主教[231],根据上述"宣告婚姻无效案件之诉讼准则"第 20 条规定,判决书应由教区主教与书记员共同签署。此外,第 20 条第 1 项还指出,"教区

简式诉讼中则规定"双方当事人及其律师均可出席对另一方及证人之盘问,惟预审员考虑事件及人之情况后,认为应分开盘问者除外"。这是因为在简式诉讼中,其前提条件就是当事人双方都同意对自己的婚姻提出无效诉讼,因此他们之间可能无任何反对意见,双方都愿意以最大的合作来处理他们的案件。

[230] 然而,判决书的撰写可由预审员或陪审员来做,但最终对案件的裁定仅仅,也只能由教区主教来做,故此,判决书的签署也只能由教区主教为之。

[231] 上述所引用之"宣告婚姻无效案件之诉讼准则"第 19 条的规定:"若案件是由教区联合法庭审理,其判决书应按法典 1672 条之规定,由此法庭所在地之主教宣布。若有多位主教,则应尽可能遵守当事人与审判员于就近地点之原则"。

主教可按其智慧自行决定宣布判决的方式",其中也包括在双方当事人、婚约辩护人、预审员和陪审员面前当众宣布判决。在判决书中应简明有序地陈述裁决所依据的理由；通常应自裁决之日起,一个月内将判决结果通知当事人。

3.4 抗诉和执行阶段

应尽早将判决结果通知于当事人；上诉期限届满后,若任何一方当事人并未提出上诉,那么,即可执行判决,在这种情况,当事人双方各自便可自由地再结新婚。

然而,针对教区主教所做的判决,仍可向都会总主教区法庭提出上诉,[232]如若判决是由都会总主教或总主教所为,那么可上诉至罗马圣轮法院；若是在西班牙,则可上诉至宗座使节法庭（Tribunal de la Rota de la Nunciatura Apostólica）。

但是,事实上,几乎不会对判决结果提出上诉,因为一方面,此类婚姻无效案件都是由当事人双方一致同意并共同提出诉讼的；另一方面,婚约辩护人是由审理案件的教区主教所任命的。

如若对判决提出上诉,案件受理后,应按照法典 1678§4 的规定,将案件在主管上诉法庭第二审级以普通诉讼审理。如若上诉明显只为拖延,便可以法令将其驳回。

---

[232] 参：法典 1687§3 和§4。

第三部分
各种格式和范例

无效婚姻

1. 申请职务律师和代理人

尊敬的＿＿＿＿教区司法代理阁下：

本人＿＿＿＿（男/女）生于＿＿＿＿省＿＿＿＿市，现年＿＿＿岁，现居住于＿＿＿＿＿＿＿＿＿＿（详细地址）＿＿＿＿教区＿＿＿＿堂区，怀着崇高的敬意，陈述如下：

1. 我与＿＿＿＿女士/先生，于＿＿＿年＿＿月＿＿日在＿＿＿＿教区＿＿＿＿堂区教堂举行了婚礼，结为夫妇。对方现居住于＿＿＿＿省＿＿＿＿市＿＿＿＿县（区）＿＿＿＿（详细地址）。

2. 鉴于有必要诉诸于贵法庭，基于在诉状中陈述之理由，调查本人婚姻的有效性；另因个人经济原因，故

申请

阁下为本人指派贵法庭职务律师和代理人，以履行在诉讼中本人怀着敬意所寻求之正义。

此致

＿＿＿＿＿＿＿＿＿＿（签名）

＿＿＿年＿＿＿月＿＿＿日

2. 指派职务律师及代理人之通知

_____教区

教会法庭　　　　　　　　　　　　（法庭详细地址）

_____

尊敬的_____先生/女士：

职是之故，您曾投身于本法庭工作，今我们欲指派您为_____先生/女士的轮值代理人/辩护律师。_____先生/女士现居住于_____省_____市_____（详细地址），他/她曾表示缺乏支付诉讼费用的经济来源，并申请为其指派代理人/律师，以便在欲起诉其婚姻无效的案件中代表他/她或为其提供辩护。

自即日起，您便被指派为_____先生/女士的职务律师/代理人。

烦请您尽早向本法庭表达您是否接受此次指派，以便将其告知于当事人。

愿天主永远保守您！

　　　　　　　　　　　　　　　　　　书记员（签名）

（法庭印章）　　　　　　　___年___月___日

（代理人/律师的详细地址）

3. 婚姻无效案件之书面诉状

致_____教区教会法庭：

　　本人_____先生/女士，受法庭指派为_____先生/女士的轮值代理人。根据对本人的指派（附上任命状，指出文书编号[233]），今代表当事人出庭，并更好地依法进行诉讼，现陈述如下：

　　我的当事人鉴于其良心上无可避免的责任，及为了寻求真相，欲诉求贵法庭调查其与_____女士/先生所缔结的婚姻，是否因其本人/答辩人_____（无效名目）而导致婚姻无效。针对此案件，其事实及法律依据如下：

一、事实依据

　　第一、（简述婚姻之举行的相关事项及相关文书证据）我的当事人_____先生/女士，于__年__月__日在_____教区_____堂区的教堂内与_____女士/先生举行了婚礼，结为夫妇，此事实可由结婚证（或其它可证明的文书）证实（附上文书，并指出文书证据编号，比如，2）。

　　第二、（简述可能有之子女的相关事项，及相关文书证据）在此桩婚姻中生育了一个儿子/女儿_____（姓名），出生于__年__月__日_____（出生地点），并于__年__月__日在

---

[233] 这里的"文书证据编号"并不是指各证书上的行政编号，而是指在诉讼中为了便于查询，而对所有文书证据进行的编号处理——译者注。

_____教区_____堂区领受了洗礼，此事实可由圣洗薄证实（附上文书，并指出文书证据编号）。

第三（及第四等）、（对诉求所依据的事实进行陈述）。

二、法律依据

1.（教会审理案件的管辖权）根据法典 1401 和 1671 的规定，审理领洗者的案件是教会治权的本有权利，尤其是涉及到婚姻圣事及其有效性的婚姻案件。

2.（主管法庭）根据法典 1672§___ 的规定，因属_____之地，贵法庭对此案享有管辖权。

3.（申请人的合法性）根据法典 1674§1-1º 的规定，申请人有权对其婚姻之无效性提出该诉状。

4.（若有，还可继续）（针对所欲提出之无效名目有关的法律依据）。

根据以上所述，我郑重请求_____教区教会法庭，在斟酌上述内容，及所呈递之各种文书后，受理此案。并请求及时调查由_____先生/女士针对其与_____女士/先生所缔结之婚姻，因其本人/其配偶在婚姻合意上存在瑕疵，及其身份在民法上的效果，而对其婚姻的无效性所提起的诉讼。望贵法庭依法审理此案，并因诉讼标的中所明确之无效名目，宣判此婚姻无效。

附带要求一：连同诉状，附有_____先生/女士之代理人的任命书，以便在婚姻无效的诉讼中代表_____先生/女士，并为其提供辩护（见___号文书）。恳请贵法庭鉴于上述所表达之理由，接纳代理人和当事人为履行其责任所呈递的诉状。

附带要求二：由于我的当事人不具支付诉讼费用的能力，恳请法庭为其提供无偿的辩护律师。

为证实其缺乏经济来源，特向贵法庭呈上如下证明：

1）堂区主任_____的证明信；

2）工作证明副件；

3）财产证明。

附带要求三：_____女士/先生现居住于_____（详细地址），故恳请贵法庭因以上所述原因，传讯答辩人。

此致

敬礼

律师/代理人　签名

___年___月___日

4. 婚姻无效案件书面诉状

(范例)

致_____教区教会法庭：

本人**李某**，法庭指派之代理人，以**王某先生**之名，并代表其，根据法庭对本人的任命（见附件任命书，编号 1）于贵法庭前出庭，为更好地依法进行诉讼，陈述如下：

我的当事人因无可避免的良心要求，欲针对其与**马某女士**所缔结的婚姻，**因答辩人（被告）马某拒绝子女而缺乏真实的婚姻合意，起诉婚姻无效**。针对此案，现将其事实及法律依据简要陈述如下：

一、事实依据

第一、我的当事人**王某先生**与**马某女士**于___年___月___日在_____教区_____堂区举行了婚礼，结为夫妇。此事实可由结婚证（或其它可证明的文书）证实（附上文书，并指出文书证据编号，比如，2）。

第二、在此桩婚姻中并未生育子女。

第三、我的当事人王某，当时尽管在其老家已经有女朋友，但在 1992 年 2 月底还是在_____市认识了马某，而马某是当地人，并且二人很快就发生了亲密关系。在这种激情的推动下，事情已经超出了我当事人的掌控，并在无法控制下发展着。在我的当事人坚信无人能了解这种关系的坚实性的时候，他却惊讶地发现，在＿＿＿＿＿＿＿市，以及在马某的故乡，尤其是马某周围很多人都认为我的当事人是马某的男朋友。

于是，在两个年轻人之间还并没有真正而深刻认识，且没有以循序渐进的方式发展两个人的关系，还未达到成为男女朋友关系程度的情况下，我的当事人仅基于一种纯粹激情式的关系，在仅仅认识三个月后，就不得不放弃原来的女朋友，而成了答辩人马某的正式男朋友了。

第四、在屈指可数的几个月的恋爱期间，两个年轻人之间的关系是极不成熟的，其发展过程有以下几个特点：

首先应该强调的是马某在个人职业计划上是很注重事业的人。事实上，答辩人马某与其同事在 19xx 年某月创立了一个某公司。公司的组织、运转和资金往来都变成了两个年轻人之间不断发生争执的根源。对答辩人马某而言，立足于职场和公司的繁荣是其首要目标，其他一切都得屈服于此目标。马某在公司上的投入，不管是从内部组织上，还是从运营和管理上缺乏专业性角度来说，都引起了我当事人的不满；尤其是公司成了其女朋友的生活中心，在马某的生活中公司取代了王某，且对王某没有足够的关注。针对围绕着公司所发生的这些争执和冲突，不仅充斥着婚礼前的几个月，就是在结婚后为数不多的几个月的夫妻生活中也充斥着这种气氛。

其次，答辩人很受其父母的约束，具体来说，她的父亲享有很大的威望。针对这一点，我的当事人解释说，答辩人经常不断地前往其父母家，以寻求其父亲的建议和支持，这就说明对我当事人的妻子来说，我的当事人及其意见在其心目中并没有占据重要的地位。这也是产生冲突和张力的另外一种原因，甚至可以导致原告要求答辩人更多地关注自己，并希望消除对方家庭的这种影响。

再次，早在两个年轻人保持亲密关系的时候，二人都明确和积极地避免怀孕的危险。这并非只是为了避免在未婚的状态下不合时宜地怀孕。答辩人曾以明确而积极的态度表示，并不愿意要孩子，甚至在婚后也是如此。她认为孩子会阻碍自己的事业，对她而言，事业占据优先地位，因为做母亲会产生一种与其事业及其公司不能兼容的生活方式和责任。此外，答辩人还曾认为并解释说，对做母亲来说她还未达至足够成熟，且在夫妻关系还未达至足够坚实的情况下，她并不想要孩子。而原告也同意了答辩人这种不要孩子的提议。

最后，还应该强调的是这两个年轻人缺乏宗教热诚，这就说明不要孩子的这种提议并未触发其二人的宗教良知，相反，他们认为这是很明智的解决方法，同时也说明二人之关系的冲突性和不成熟性。就在这种如此肤浅的基础上，再加上恋爱关系日益冲突，两个年轻人最终还是在 1993 年 ___ 月 ___ 日结婚了。

第五、夫妻生活在结婚后没几个月就结束了。经过几次决裂，最终夫妻二人在 1993 年 11 月初（结婚的同一年）开始分居。在这短短几个月的同居期间，答辩人在原告的同意下，并未曾有过一次保持向生命开放的夫妻行为。致使夫妻生活破裂的原因仍是恋爱期间各种矛盾和冲突的延续：公司事业的优先地位和原告感觉被疏远和妻子跟他很少沟通，甚至导致原告产生了心理问题。我的当事人情绪上也受到的严重的影响，并且在很长的时间内不得不寻求医生的帮助。

第六、从1993年末到1994年7月，夫妻双方不但保持着分居状态，且各自度着一种明确的单身生活，同时也保持着与他人发生关系的自由。在1994年夏天，在一次偶然的相遇中，答辩人向我们的当事人提出愿意试着重返同居的生活；我的当事人因其感情热火，便接受了对方的提议。但是其结果仍是毫无把握的，因各种原因，夫妻双方即使在不多的事情上也很难达成一致，即使在这种情况下，仍然杜绝了子女的产生。在这段试验期间，差不多有八个月，同样的矛盾和冲突再次出现，甚至因为答辩人在分居期间与他人发生过关系而变得更为严重，这是我当事人不可接受的，这也打破了我的当事人对其妻子的信任，并最终导致了双方的彻底决裂。

在此案件中，需要强调的是，从1993年结婚到1994年开始分居，夫妻双方分居的时间远多于在一起生活的时间。此外，答辩人明确而积极的决定不要孩子，虽然得到了原告的同意，但这种决定早在结婚之前就已拿定并实施，并在婚后，于短暂而充满矛盾的夫妻生活中，也得到了夫妻双方明确的重申和强化。

二、法律依据

1. 根据法典1401和1671的规定，审理领洗者的案件是教会治权的本有权利，尤其是涉及到婚姻圣事及其有效性的婚姻案件。

2. 根据法典 1673 的规定，贵法庭因是婚姻缔结地，且答辩人在此处有住所，故此，贵法庭对此案享有管辖权。

3. 根据法典 1674 的规定，申请人有权针对其婚姻的无效性提起诉讼。

4. 法典 1055§1 教导说："婚姻盟约是男女双方藉以建立终身伴侣，其本质原是为了夫妻的利益，及生育和教养子女……"。此处特别明确地强调，有效婚姻本身便是以夫妻的利益为目的的；且婚姻并不只是父母之间的一项契约，或者纯粹是为了生儿育女，同时也是一个团体（终身伴侣）。因其是男女双方藉盟约或合意而产生的后果，这对作为配偶的男女来说都是有益的，因此也是指向夫妻利益的。这种以夫妻双方不可撤销的合意而形成的结合是单一且持久的，也是以生育子女为目的的，因为夫妻二人预先便享有潜在的父母身份。

但是，"盟约"这个词意味着配偶之间这种完全而相互的交托并非由一个简单的"愿意"而完成的，而是由意志上的一个行为，一个非常特别的行为完成的：盟约性的许诺。事实上，法典 1057 在指出婚姻成立的唯一而充分的原因就是婚姻合意的同时，也特别明确出这并不只是一个意志上的行为，而且也是一个订立契约的行为："婚姻合意是意志的行为，使男女双方藉不可挽回的契约，彼此将自己相互交付并接受以成立婚姻"。

5. 连同前面的规定，法典 1101 也指出，虽然外在地在举行婚姻，但"当事人之一方或双方，以意志的积极行为，排除婚姻，或婚姻的基本要素，或婚姻的基本特点时，结婚无效"。

法典 1101§2 也指出了婚姻合意的外在表达与内在意愿之间的不一致会导致婚姻无效。具体来说，当涉及到部分伪装合意时，在这种合意中，某种关系，抑或甚至婚姻契约本身是由一方或双方所愿意的，尽管其本身不具婚姻的本质要素或特质，那么在这种情况，意志的积极或肯定行为应被视为直接排除了或拒绝了上述这项要素或特质。其中的理由不言而喻：因为这种关系，抑或甚至婚姻契约本身是由当事人所愿意的，如果当事人意志上并没有消极或否定的行为反对婚姻契约的某些要素或特质，那么婚姻契约——这样的话，婚姻契约并未被排除在外——将连同其要素和特质一起产生。对于部分伪装合意来说，必需有拒绝的积极行为，而这也是与错误（参法典 1099）之间的差别：伪装合意的人很清楚要从婚姻中剔除什么，而犯错误的人则无需以其意志剔除其认识中没有的对象，或所错误理解的事物。

法典 1101§2 中所说的在结婚时排除"婚姻的基本要素"，这一"要素"也包括正常夫妻行为（即性行为）的权利，换言之，向生命开放。为了达至无效的后果，并无需这种排除是永久性的；暂时性的排除已足够使婚姻无效，因为这种排除也意味着对权利的拒绝。教宗庇约十二世在 1955 年 10 月 25 日的讲话（参宗座公报，vol.XLIII, p.845）对此表达的既清楚又明确："若至少配偶之一方在拒绝婚姻时曾有意将婚姻权（即婚姻性生活的权利）仅限于不孕期，这便意味着另一方在其它日子并没有权利要求过夫妻生活，进一步而言，婚姻合意中便存在着本质性的瑕疵，从而便导致婚姻无效，因为这项权利来自于婚姻契约本身，是一项永久的权利，是不可间断的，是一方对另一方的权利……"。

基于以上所述，我恳请贵教区法庭，鉴于本诉状，以及所附加之各种文书和副件，受理此案。**王某先生**现针对其与**马某女士**所缔结之婚姻的无效性提起诉讼，恳请贵法庭因此婚姻中答辩人拒绝子女而缺乏真正的婚姻合意，依法声明婚姻无效。

附带要求一：连同诉状，附有律师之委托书，申请人（或原告）授权给李某律师。故恳请贵法庭有鉴于上述原因，允许此律师依其职责撰写此诉状。

附带要求二：答辩人马某女士现居住于_____（详细地址），恳请贵法庭依法传唤答辩人。

此致

敬礼

律师：（签名）

__年__月__日

5. 法庭任命书

(法令)　　　　　　　　　(范例)

_____教区

教会法庭　　　　　　　　C.Nul：[234]某某-某某

　　　　　　　　　　　　Nº：_____

任命法令

鉴于李某律师，以王某先生之名，并代表其，针对王某先生与马某女士所缔结之婚姻的无效性，提起诉讼，为了了解、审理和裁决此案件，根据法典1425§3之规定，现任命合议庭如下：

审判长：_____

审判员：_____

审判员：_____

婚约辩护人：_____

书记员：_____

并藉此通知相关人员，如有异议，请于自即日起五日内做出回应。

(法庭印章)　　　　　　　司法代理：(签名)

书记员：(签名)　　　___年___月___日

另：藉此通知答辩人马某女士、婚约辩护人以及原告。

---

[234] **C.Nul**：即婚姻无效案件（Causa de nulidad），**Nº**：案件编号。

6. 法庭任命状之通知

_____教区

教会法庭　　　　　　　　　　　**C.Nul：某某-某某**

　　　　　　　　　　　　　　　　　Nº：_____

尊敬的：_____（每个审判员的姓名及婚约辩护人的姓名）

　　我以司法代理_____（姓名）的名义，很荣幸地告知您，在上述所指的案件中，所设合议庭如下：

　　审判长：_____
　　审判员：_____
　　审判员：_____
　　婚约辩护人：_____
　　书记员：_____

（法庭印章）

　　　　　　　　　　　　　　　　书记员：（签名）

　　　　　　　　　　　　　　　　___年___月___日

无效婚姻

****

7. 法庭任命之对申请人的通知

（若启动诉讼，则也应通知答辩人）

_____教区

教会法庭　　　　　　　　　C.Nul：某某-某某

　　　　　　　　　　　　　　　Nº：_____

尊敬的_____先生/女士：

　　我以司法代理_____（姓名）的名义，很荣幸地告知您，在上述所指的案件中，所设合议庭如下：

审判长：_____

审判员：_____

审判员：_____

婚约辩护人：_____

书记员：_____

（法庭印章）

　　　　　　　　　　　　　　　书记员：（签名）

　　　　　　　　　　　　　　　___年___月___日

8. 设立法庭之备案

_____教区

教会法庭　　　　　　　　　　　C.Nul：某某-某某
　　　　　　　　　　　　　　　Nº：_____

___年___月___日，于_____（法庭所在地）

___年___月___日，于_____教区教会法庭所在地，被任命而组成合议庭之各位尊敬的审判员_____、_____ 和_____（审判员姓名），连同婚约辩护人_____，以及书记员_____齐聚一处，共同了解上述所言之婚姻无效案件。

各位审判员一致表示接受对其之任命，以组成审理此案的合议庭。

并令将诉状之副本交予婚约辩护人。

另：通知当事人双方，如有异议，应自即日起___日内，以书面作出回应。

（法庭印章）
　　审判长　　　　审判员 1
　　审判员 2　　　婚约辩护人（签名）

谨以备案
　　　　　　　　　　　　　　　书记员：（签名）
　　　　　　　　　　　　　　　___年___月___日

9. 将诉状交予婚约辩护人之批文

_____教区

教会法庭   C.Nul：某某-某某
                                  Nº：_____

批文

现准许将上述婚姻无效案件之诉状，及所附带之文书交付于此案之婚约辩护人_____（辩护人姓名），并烦请针对受理此诉状之事宜表达其意见。

___年___月___日，于_____（法庭所在地）

（法庭印章）

            审判长：（签名）

10. 婚约辩护人对受理诉状之意见书

_____教区　　　　　　　　　　婚约辩护人

教会法庭　　　　　　　　　　　　C.Nul：**某某-某某**

　　　　　　　　　　　　　　　　　Nº：_____

　　本婚约辩护人_____对"**某某-某某**"婚姻无效案件之诉状的受理无任何异议，诉状中事实及法律依据充分，可受理之。

　　___年___月___日，于_____（某地）

　　　　　　　　　　　　　　　　　婚约辩护人（签名）

11. 对法庭成员的传唤

_____教区

教会法庭　　　　　　　　　C.Nul：某某-某某
　　　　　　　　　　　　　　Nº：_____

为了审理上述所指之婚姻案件，现传唤_____主教阁下（法庭所属教区之主教）所设之法庭成员，于___年___月___日___时（时间点）至法庭会议室，连同本审判长，就受理此案诉状之事宜，开庭商议。

现附上此案之诉状及所附带之文书。

___年___月___日，于_____（法庭所在地）

（法庭印章）

　　　　　　　　　　　　　　审判长：（签名）

12. 受理诉状之法庭会议记录

_____教区

教会法庭

会议纪要

由主教阁下为审理"**某某-某某**"婚姻无效案件，于___年___月___日所设之合议庭，其成员_____、_____和_____（审判员姓名），因依法得到传唤，于___年___月___日齐聚于本法庭会议室。

审判长_____指出了本次会议的内容，即：欲裁决本法庭是否应受理此案之诉状。本法庭因_____（指明其管辖权之类型），对本案享有管辖权。鉴于诉状中事实及法律依据充分，本法庭最终决定受理此案。

上述是为本次会议纪要，且由全部出席人员一致通过，并签署。

特此证明！

（法庭印章）

审判长

审判员1　　审判员2（签名）

书记员：（签名）
___年___月___日

13. 受理诉状及传唤法令

_____教区

教会法庭　　　　　　　　　　C.Nul：某某-某某
　　　　　　　　　　　　　　　Nº：_____

法　令

鉴于_____律师以_____先生之名并代表其，针对其与_____女士所缔结婚姻之无效性，所呈递的诉状。本法庭在核实了自己的管辖权、当事人的法律能力及法律和事实依据后，现

裁　定

1. 受理上述婚姻无效之诉状，并进行后续审理及证据。
2. 传唤此婚姻之当事人及婚约辩护人_____。
3. 通知当事人双方已设立法庭。
4. 将诉状之副本及所附带文书之副本交付给答辩方和婚约辩护人_____。
5. 督请答辩人_____女士和婚约辩护人_____，在有效期十五日之内，以书面形式对诉状作出回应，并表达其立场或意见。

针对附带要求一，_____律师作为_____先生的代表，连同当事人一起出席后续的审理。

（法庭印章）

　　　　　　　　　　审判长（签名）

　　　　　　　　　　　书记员：（签名）
　　　　　　　　　　　___年___月___日

14. 答辩方之传票

_____教区

教会法庭　　　　　　　　　　　C.Nul：<u>某某-某某</u>
　　　　　　　　　　　　　　　　　Nº：_____

传　票

本法庭已收到且已受理了针对您的婚姻之无效性所呈递的诉状，本审判长传唤您，请在有效期十五日之内，以书面形式针对上述诉状及所附带之文书作出回应，并表达您的立场或意见。

（法庭印章）

　　　　　　　　　审判长（签名）

　　　　　　　　　　　　　　书记员：（签名）

　　　　　　　　　　　　　　__年__月__日

答辩方_____女士：

　　_____省_____市_____（详细地址）

15. 答辩人出庭并同意诉讼之记录

_____教区

教会法庭　　　　　　　　　　C.Nul：某某-某某
　　　　　　　　　　　　　　　Nº：_____

　　_____女士，中年人，已婚，公司老板，现居住于_____市_____区_____街（具体住址），身份证号为_____，于___年___月___日，在_____（法庭所在地）现身出庭，并在_____教区法庭审判长_____，及本书记员面前表明：

　　已阅读由其丈夫____所呈递的诉状，其中除了某些细节，女方认为不具任何重要性外，诉状所述内容基本属实。

　　与此同时，并表示愿意接受法庭的裁决。本次女方是由以口头任命的律师_____陪伴出庭。

　　上述内容已由当事人审阅，并得到其认同及签署。

（法庭印章）

　　　　　　　　　　　审判长（签名）

当事人_____女士（签名）　　　　书记员：（签名）
　　　　　　　　　　　　　　　　　___年___月___日

16. 对诉状之回应及反诉

（格式）

致_____教区教会法庭：

本人_____，法庭的代理人，根据所附代理人任命书（文书 1），以_____先生/女士的名义，并代表当事人，在贵法庭前出庭，依法进行诉讼，并声明：

贵法庭藉着_____（日期）的裁定同意传唤我的当事人_____先生/女士，亲自或由其合法代理人，在律师的协助下，于收到由_____女士/先生所呈递之婚姻无效诉状的副本以及所附带之文书后，在诉讼标的拟定书中所指定的日期，出庭应诉并就诉状表达立场。

藉此书面内容，本人以_____先生/女士的名义出席由_____女士/先生所开启的婚姻无效案件之诉讼；本人反对对方针对我方当事人在诉状中所引证的_____婚姻无效名目；与此同时，本人提出反诉，并恳请贵法庭因对方_____名目（具体无效的名目）声明此婚姻无效。其事实及法理依据如下：

一、事实依据

第一、（以诉状中所列格式陈述事实）

1）针对诉状的反驳

第二、列出反对诉状（或其中某些内容）的理由及事实。

第三、……

2）作为反诉

第四、（及后续）（列出反诉及所主张之事实及依据）

二、法理依据

1．（教会对审理婚姻案件的治权）

2．（指出此法庭审理此案件的辖权）

3．（申请人的合法性）

4．（及后续）（反诉所提出之无效名目所依据的法律）

故此，恳请_____教区教会法庭，因以上所述及所附带之文书和副本，受理此案。望贵法庭依法审理并择日做出判决，声明由_____先生/女士所呈递之诉状，并不能证实此婚姻因_____名目（指出具体无效名目）而无效；但因我方之反诉，并因对方之_____名目（指出具体无效名目），声明婚姻无效。

附带要求：藉此书面陈述，以及所附带的代理人任命书和律师授权书，藉以授权_____律师以便参与诉讼，我郑重恳请贵法庭，因上述所言，允许上述代理人和律师履行其职责。

此致

敬礼

代理人（签名）

___年___月___日

17. 拟定诉讼标的之记录

_____教区

教会法庭　　　　　　　　　　　　**C.Nul：** 某某-某某
　　　　　　　　　　　　　　　　　Nº：_____

拟定诉讼标的之记录

____年___月____日____时（几点），申请人（即原告）之代理人____和律师_____；答辩人（即被告）之代理人____和律师_____，各自以当事人之名义及代表当事人，因事先得到依法传唤，于_____教区教会法庭庭审大厅出庭；列席的有尊敬的审判长_____，婚约辩护人及本书记员：

1. 申请人一方之意见：

2. 答辩人一方之意见：

3. 婚约辩护人之意见：

审判长（就当事人双方及婚约辩护人之意见达成一致后）拟定诉讼标的如下：**因（丈夫/妻子，或双方）_____（何名目）说明此案婚姻无效。**

审判长开启搜集证据的阶段，并限（原告方或双方）于有效期_____（一个月或从某日到某日）呈递证据。

上述内容得到在场人员的审阅，并签署。

无效婚姻

✳︎

（法庭印章）

       审判长（签名）

申请人之一方（签名）
答辩人之一方（签名）
婚约辩护人（签名）

         书记员：（签名）
         ___年___月___日

18. 诉讼标的之拟定裁定书

_____教区

教会法庭　　　　　　　　　　　**C.Nul：某某-某某**
　　　　　　　　　　　　　　　　　Nº：_____

　　在斟酌双方当事人的意见，及根据法典 1676§1 和 1508 的规定，自传唤答辩人后十五日期限届满后，本法庭裁定如下：

　　本案之诉讼标的为：本案之婚姻是否因丈夫/妻子一方之_____无效名目（具体名目）证实无效。

　　限当事人双方于十日内就是否赞成此标的表达其意见。

　　谨此通知。

　　（法庭印章）

　　　　　　　　　　　审判长（签名）

　　　　　　　　　　　　　　　书记员：（签名）
　　　　　　　　　　　　　　　___年___月___日

19. 举证

致_____教区教会法庭：

本人_____，律师，以_____先生之名，受托并代表当事人参与与_____女士所展开的"**某某-某某**"无效婚姻案件之诉讼，今出庭于贵法庭，为更好地依法进行诉讼，本人声明：

现于所指定之有效期内，列举以下证据：

1. 答辩人_____女士之供词：应根据所附之意见书进行审理。

2. 对申请人_____先生之询问：应依所附之调查问卷进行审理。

3. 证词：通过对所附名单对证人进行问询，应依照所附之询问证词进行审理。

根据法典 1526、1527、1530ss、以及 1547ss 之规定，上述皆为相关之证据。

因以上所述，我恳请贵法庭，鉴于本书面材料，及所附之意见书、问卷调查以及所附之证人名单，受理上述证据。

律师：（签名）

___年___月___日

20. 答辩人之供词

本人＿＿＿＿＿＿＿，律师，以＿＿＿＿＿＿＿先生之名，受托并代表当事人表达其立场，根据其要求，望答辩人＿＿＿＿＿＿＿女士回答如下问题：

1. 您什么时候，以及在什么情况下认识的＿＿＿＿＿＿＿先生？当时双方年龄有多大？都从事什么工作？生活在何处？

2. 当事人＿＿＿＿＿＿＿先生在认识您的时候，是否正在与另一个女孩交往？您的家庭是否对＿＿＿＿＿＿＿先生做过调查？

3. 您是否在与＿＿＿＿＿＿＿先生开始交往后不久便确立了恋爱关系？谁主动开始了这种关系？请阐述所能回忆起来的事情。

4. 您与＿＿＿＿＿＿＿先生是否在相互认识后不久便发生了亲密关系？是否在任何时候都避免陷入怀孕的危险？

5. 您是否在＿＿＿年＿＿＿＿月建立了一个＿＿＿＿＿＿＿公司（或企业）？您是否全身心地投入到自己的事业中？是否将上述事业置于首位？

6. ＿＿＿＿＿＿＿先生对此事业有何看法？是否与您持同样的态度？＿＿＿＿＿＿＿先生做何反应？上述所言之公司是否开始成为您与＿＿＿＿＿＿＿先生之间发生冲突的焦点？

7. 您与父母之间的关系如何？您是否对父亲非常信赖，尤其是在有关生意的问题上？是否听从父亲的意见？＿＿＿＿＿＿＿先生如何看待和处理这种关系？是否为此问题而发生争执？

8. 您与_____先生的信仰生活如何？您对婚姻，具体来说是对婚姻的不可拆散性持有什么样的观念？您是否认为自己足够成熟，并为婚姻有充分的准备？

9. 在结婚前，您是否明确地表示过婚后不会要孩子的决定？在婚姻生活中是否持有同样的态度，并避免怀孕？_____先生是否同意您的这种决定？

10. 您因何缘故拒绝在与_____先生的婚姻中生育子女？对您来说，追求职业目标是否占据优先地位？是否认为有了孩子就会妨碍达至上述目标？

11. 您是否认为已达至成熟并准备好做母亲？对与_____先生的婚姻关系是否有疑问？

12. 在与_____先生结婚后，您是否曾改变过不要孩子的主张？双方是否曾发生过有怀孕危险的夫妻关系？您与_____先生是否撤销过这种决定？

13. 夫妻同居生活如何？这种生活持续了多长时间？彼此之间的矛盾是否在同居生活中仍然持续？_____先生是否因这种不理想的同居生活而遭遇了短时间的心理危机？请阐述所能回忆的内容。

14. 在___年____月你们是否曾首次试图分手？并准备在同年 12 月实施？

15. 双方是否分居了两年半的时间？双方是否都认为各自拥有像未婚者一样的自由？并与他人发生关系？

16. 您与_____先生是否在___年这一年当中曾有过偶然的相聚？您是否提议以尝试的方式重新生活在一起？

17. 双方是否重新约定不要孩子？因何缘故？对双方来说，是否是将其关系如何发展放在首位？这次努力持续了多长时间？失败的原因是什么？双方共同生活一共持续了多长时间？

18. 您认为_____先生在法庭上说的是实话吗？您在与_____先生结婚时，是否怀着不要孩子的这种明确意向，且婚前的这种决定在任何时候都未曾发生过改变？

___年___月___日，地点

21. 对申请人的问卷调查

问卷调查

本人，_____，律师，以_____先生之名进行诉讼，如下问题应由申请人作答：

宣誓据实作答。

1. 您什么时候，以及在什么情况下认识的_____女士？都从事什么工作？生活在何处？

2. 您是与另一个女孩交往？什么时候决定断绝与这个女孩的交往？是否与_____女士有婚约？

3. 什么时候，在什么情况下正式与_____女士确立了恋爱关系？从相互认识到确立恋爱关系有多长时间？请阐述所能回忆起来的事情。

4. 二人是否自恋爱之始便保持着亲密关系？是否在任何时候都避免陷入怀孕的危险？_____女士是否经常采用避孕措施？二人所保持的这种亲密关系是否对您的人格产生了很大的影响？

5. 您与_____女士是否都是虔诚信徒？信仰生活是何程度？_____女士是否是一个崇尚个人自由和职业的人？

6. _____女士是否与其他人一起建立了一个_____公司（或企业）？他们相处了多长时间？_____女士是否一心投入到自己的事业中？她是否将一切都置于个人事业之下？

7. 在公司刚起步时，您是否认为_____女士及其合作伙伴并未对公司的运转做好准备？_____女士是否理会您对此所给出的建议？在你们二人中间是否开始经常出现争执？

8. _____女士是否与其父母关系密切？她父亲是否对她享有很重要的权威？在有关公司的问题上她是否很信赖她的父亲？您是否感到被排斥？这是否是新争执的原因？

9. 你们什么时候决定结婚的？恋爱关系持续的多久？您是否认为彼此之间已做好准备，并充分地了解对方？

10. _____女士是否在婚前向您表达过追求职业目标占据优先地位？是否跟您说过她不想要孩子，因为一旦做了母亲便会妨碍达至上述目标？她是否表示过仍未达至成为母亲的成熟程度，并想看看你们之间的关系是否牢固？

11. 您是否接受_____女士的这些主张？结婚后，是否曾改变过不要孩子的主张？双方是否曾发生过有怀孕危险的夫妻关系？请详述。

12. 夫妻同居生活如何？这种生活持续了多长时间？在1993年12月，双方开始分居之前，是否曾多次试图分手？导致婚姻生活失败的原因是什么？是否与在恋爱期间所发生争执的原因一样？

13. 短暂的同居生活住在何处？您是否绝对被排斥在 _____女士的世界之外？心理上是否受到一些创伤？请详述。

14. 您是否与_____女士断绝了关系？是否自此之后一直到 1994 年 9 月二人一直处于分居？在这段时间二人是否都过着独身的生活？

15. 您与_____女士是否在 1994 年夏天曾有关几次偶然的相聚？对方是否提议以试验的方式重新生活在一起？为什么接受了这种建议？

16. 双方是否再次约定不要孩子？双方是否都不确定这种约定的结果？这种不要孩子的决定是否发生过变化？是否曾发生过有怀孕危险的夫妻关系？

17. 这次重修旧好的努力持续了多长时间？失败的原因是什么？自结婚后双方共同生活一共持续了多长时间？从什么时候开始彻底分居？

___年___月___日，地点

22. 证人

证人名单

_____（律师姓名），_____先生一方之律师呈递。

1. 李某先生，老年人，天主教徒，已婚，退休，身份证号为：_____，现居住于：_____。

2. 张某女士，老年人，天主教徒，已婚，家庭主妇，身份证号为：_____，现居住于：_____。

3. 王某女士，中年人，天主教徒，已婚，行政人员，身份证号为：_____，现居住于：_____。

4. 苏某女士，中年人，天主教徒，未婚，职员，身份证号为：_____，现居住于：_____。

5. 孙某女士，中年人，天主教徒，已婚，行政人员，身份证号为：_____，现居住于：_____。

___年___月___日，地点

23. 证人问卷

（格式）

本人＿＿＿＿＿＿，律师，以＿＿＿＿＿＿先生之名进行诉讼，如下问题应由证人＿＿＿＿＿＿作答：

法律一般要求及宣誓据实作答。

1. 您是否认识＿＿＿＿＿＿先生与＿＿＿＿＿＿女士这对夫妇？请说明从什么时候，以及您与他们的关系如何。

2. 您是否知道＿＿＿＿＿＿先生与＿＿＿＿＿＿女士是从什么时候，和在什么情况下认识的？

3. ＿＿＿＿＿＿先生当时是否与某地的另一个女孩保持情感关系？他是什么时候决定与这个女孩断绝关系的？他是否与＿＿＿＿＿＿女士有婚约？

4. 什么时候及在什么情况下，＿＿＿＿＿＿先生与＿＿＿＿＿＿女士正式确立恋爱关系的？从他们相识到确立恋爱关系经历了多长时间？是否能够证明＿＿＿＿＿＿女士真正爱上＿＿＿＿＿＿先生？您相信他们是真正的恋爱关系吗？

5. ＿＿＿＿＿＿先生与＿＿＿＿＿＿女士是否自恋爱开始便保持亲密关系？他们是否在任何时候都避免怀孕的危险？＿＿＿＿＿＿女士是否经常采用避孕措施？请详述您是如何获知这些情况的。

6. 在结婚前，＿＿＿＿＿＿女士是否向您明确表达过她在婚姻中不想要孩子的决定？在婚后＿＿＿＿＿＿女士是否以某种方式改变过这种态度或主张？

7. _____女士是否与其他人一起成立了一个公司？他们相处了多长时间？_____女士是否以事业为重？她是否将其他一切都置于事业之下？请详述。

8. ……

9. ……

　　　　　　　　　　__年__月__日，地点

24. 受理证据之裁定书

_____教区

教会法庭　　　　　　　　　　C.Nul：<u>某某-某某</u>
　　　　　　　　　　　　　　　Nº：_____

裁定书

___年___月___日___时，地点_____

现根据法典1527§1之规定，于上述所指之婚姻无效案件中，受理由当事人_____先生所呈递之证据。

同时，传唤当事人双方及所受理之证人出庭应讯。

为女方，_____女士之陈述，我们指定于___年___月___日上午10:30开庭审理；

为男方，_____先生陈述，我们指定于___年___月___日上午9:30开庭审理；

证人之出庭则自___年___月___日___时至___年___月___日___时。

至于专家，则另择他日开庭。

谨此通知！

（法庭印章）
审判长（签名）　　　　　　　书记员：（签名）
　　　　　　　　　　　　　　　___年___月___日

25. 证人之传票

_____教区　　　　　　　　　　　_____

教会法庭　　　　　　　　　　　　　（详细地址）

传 票

本人_____，_____先生与_____女士之婚姻无效案件的审判长。

现传唤_____先生/女士，于___年___月___日___时出庭于本教会法庭，以进行"**某某-某某**"婚姻无效案件之审理。

藉此敬告您有出庭的严重义务，若无合理受阻理由而不出庭，案件将依法审理。

___年___月___日___时，地点_____

（法庭印章）

　　　　　　　　审判长（签名）

　　　　　　　　　　书记员：（签名）

　　　　　　　　　　___年___月___日

无效婚姻

****

26. 当事人及证人相关信息的申请

_____教区　　　　　　　　　　_____

教会法庭　　　　　　　　　　　（详细地址）

尊敬的_____堂区主任：

　　藉此函，恳请尊下为本法庭提供有关如下所指人员的信仰程度、生活态度、个人诚信及个人住址等，尽可能详细的信息。

　　在此，向您表示诚挚的谢意！

　　相关人员为：_____

　　　　　　　　_____

　　　　　　　　_____

（法庭印章）

　　　　　　　　　　　　　　书记员：（签名）
　　　　　　　　　　　　　　___年___月___日

_____堂区主任：_____

_____（堂区地址）

27. 当事人或证人出庭之庭审

_____教区

教会法庭　　　　　　　　　　　**C.Nul：某某-某某**
　　　　　　　　　　　　　　　　　Nº：_____

　　___年___月___日，当事人/证人_____于本法庭审判大厅出庭于审判长_____及本书记员_____面前，本书记员证明其身份，其身份证号为_____，出生于___年___月___日，住址为_____。

　　当事人/证人_____宣誓据实作答。

　　针对所提出的问题，回答如下：

1.
2.
3.
　　……

　　陈述完毕后，当事人/证人宣誓所言具为事实；在向其出示了其陈词后，表示并无任何补充、撤销、纠正或更改之处。最后审判长及当事人/证人对此都做了签署。

　　谨此证明！

　　（法庭印章）
　　当事人/证人（签名）　　　审判长（签名）
　　书记员：（签名）　　　　___年___月___日

无效婚姻

28. 公布证词前，再次对证人进行询问的申请

致_____教区教会法庭：

　　本人_____，律师，以_____女士之名，受托并代表当事人参与与_____先生所展开的"某某-某某"无效婚姻案件之诉讼，今出庭于贵法庭，为更好地依法进行诉讼，本人声明：

　　___月___日对我方证人_____先生进行了审讯，此证人完整而具体的作证对我方当事人_____女士的主张来说是基本的。上述证人对当日在贵法庭所做之陈述经过反复思索后，又回忆起个人曾亲身经历的一些重大事实并未被问及，虽然这些事实与已经被问及的事实相关，但因当时被遗忘或在法庭上过于紧张而被忽略，然而这些细节对此案件却有极大的助益。

　　故此，我方认为实有必要，或至少有益请贵法庭再次传唤上述证人_____先生，以对这些事实或细节进行陈述。我们认为此举并不存在任何欺骗或贿赂的危险；此外，证词至今也还仍未宣布。

　　故此，恳请贵法庭，鉴于此上述所言，及依据法典 1570 的规定，再次传唤_____先生就上述事实做出陈述；其现居住于：_____（详细地址）。

　　此致

敬礼

　　　　律师：（签名）　　　___年___月___日

29. 公布诉讼之法令

_____教区

教会法庭　　　　　　　　　C.Nul：某某-某某

　　　　　　　　　　　　　Nº：_____

法 令

在对所受理之证据进行审理后，根据法典 1598§1 的规定，现裁定双方当事人及其律师，可在___年___月___日至___年___月___日，每日上午 10 时，前往本法庭秘书处阅览尚未见之卷宗，双方律师可在自即日起五日之有效期内，请求卷宗之副本；双方当事人可在上述五日有效期内，呈递所欲补充之证据。

谨此通知！

（法庭印章）

　　　　　审判长（签名）

　　　　　　　　　　书记员：（签名）

　　　　　　　　　　___年___月___日

通知已下达，且已执行。谨此证明。

30. 当事人对结案之申请

致_____教区教会法庭：

本人_____，律师，以_____先生之名，受托并代表当事人参与与_____女士所展开的"某某-某某"无效婚姻案件之诉讼，今出庭于贵法庭，为更好地依法进行诉讼，本人声明：

1. 贵法庭藉着___年___月___日的审理，针对上述所言之案件，已裁定要公布所审理的案件，并给予当事人三日期限进行审阅及依法表达其异议。

2. 我方明白案件已经得以充分审理，且无任何可补充之处。然后便可依法典1599之规定裁定结案。

故此，恳请贵法庭，鉴于上述所言，及时并以合宜的方式，依法根据法典1599之规定，做出结案裁定。

谨此

律师：（签名）
___年___月___日

31. 结案裁定书

_____教区

教会法庭　　　　　　　　　　　C.Nul：<u>某某-某某</u>
　　　　　　　　　　　　　　　Nº：_____

裁定书

　　鉴于双方当事人并无任何需要补充之处或……，根据法典1599之规定，我们裁定就此结案；并依法典1601之规定，自本裁定通知之日起___日有效期内呈递各自之辩词或辩护书。

　　谨此通知！

（法庭印章）

　　　　　　　　　审判长（签名）

　　　　　　　　　　　　　　　　书记员：（签名）
　　　　　　　　　　　　　　　　___年___月___日

　　通知已下达，且已执行。谨此证明。

32. 当事人辩词或辩护书之格式

致_____教区教会法庭：

本人_____，律师，以_____先生之名，受托并代表当事人参与与_____女士所展开的"某某-某某"无效婚姻案件之诉讼，今出庭于贵法庭，为更好地依法进行诉讼，本人声明：

鉴于已裁定结案，现呈上我方之辩词/辩护书，具体如下：

一、事实陈述

（扼要地阐述事实，或者为了避免重复，申请人可令参阅诉状相应部分所记述的事实；同样，为了避免重复，答辩人可令参阅针对诉状所做之回应当中的相应部分）。

二、法律依据

（如果法典中的法条适于案件，显然只需提出相应法条即可；若认为适宜，可对法条做简短解释和法理上的阐述。若相应法条在法理上有多种解释，律师只需采用有利于当事人的解释即可，同时反驳对方之主张）。

三、事实依据

（在此部分律师时序列举重要的证据和有利于其当事人之主张的事实，并反驳对方所列举之证据）。

结论：综上所述，我方认为足以证实对方_____女士在与我方当事人_____先生所缔结之婚姻中，拒绝子女。

故此，恳请贵法庭受理上诉辩词，并及时和以合理的方式审理申请人之辩词。在依法审理之后，择日作出判决，并以我方所主张之无效名目，声明"**某某-某某**"之婚姻无效。

此致

律师：（签名）
___年___月___日

33. 当事人之辩词或辩护书

（范例）

致_____教区教会法庭：

本人_____，律师，以_____先生之名，受托并代表当事人参与与_____女士所展开的"某某-某某"无效婚姻案件之诉讼，今出庭于贵法庭，为更好地依法进行诉讼，本人声明：

鉴于已裁定结案，现呈上我方之辩词/辩护书，具体如下：

一、事实陈述

第一、根据堂区婚姻登记簿，我的当事人_____先生，于___年___月___日与_____女士在_____堂区缔结了婚姻。

第二、这桩婚姻并未产生子女。

第三、我的当事人_____先生，在___年___月___日向贵法庭呈递了与_____女士所缔结之婚姻的婚姻无效诉状，起诉此桩婚姻因女方拒绝子女而缺乏真正的婚姻合意导致婚姻无效。

受理诉状及完成一切诉讼要求后，已传唤双方当事人应诉，并拟定了诉讼标的。

第四、___年___月___日答辩人_____女士，因依法受到传唤而出庭于贵法庭，并认可了诉状中的诉求；同时表示所述事实且为其婚姻生活的真实反映，并无任何需要补充和纠正之处；此外，还明确表示愿意接受法庭的裁决；并配合法庭对案件的审理。

第五、＿＿年＿月＿日藉着法令，以下列言词裁定了诉讼标的：

"此案是否证实因女方拒绝子女，使婚姻合意存在瑕疵，而导致婚姻无效"。

同时，藉着同一法令，开启了此案的举证阶段。

第六、申请人向法庭提交了举证，其证据有＿＿＿＿＿＿＿女士的供词；＿＿＿＿＿＿＿先生的问卷调查；和通过对所附带之证人名单，对证人的询问，而对证人的询问需按照所附带之问卷进行。

第七、举证完毕后，贵法庭于＿＿年＿＿月＿＿日做出了结案裁定，并给予双方当事人五日期限藉以补充证据。因当事人对此均无补充，在对案件经过充分预审后，最终藉着＿＿年＿＿月＿＿日的裁定，宣布结案，同时给予当事人十日的期限提交他们的书面意见或辩词。

二、法律依据

1. 根据法典 1401 和 1671 的规定，处理已领洗者之婚姻及其有效性的案件，是天主教会的权力。

2. 根据法典 1673 的规定，因贵法庭是此婚姻举行地的法庭，故享有对此婚姻案件的管辖权。

3. 根据法典 1674 的规定，申请人享有对其婚姻提出抗辩的权利。

4. 因在诉状中已经明确阐述了法律依据，以及贵法庭对所提出之婚姻无效名目，从立法和相应法理上，也已经在诉状中有所了解，故，在此不再赘述。

三、事实依据

1. 当事人的诚信

如果说在婚姻的无效案件中，当事人陈词的证据力与当事人在法庭上陈述时的诚信密切相关；在具体的案件中，所主张之婚姻无效名目的证据基本上就在于当事人以诚信所做的供述，因此当事人的诚信在案件的审理中便具有极大的重要性。而在我们的这个案件中，所主张的无效名目则是答辩人，即女方在婚姻合意中拒绝子女。

那么，该如何考量答辩人_____女士所做的供述呢？因为在诉状中她也承认在与_____先生缔结婚姻时拒绝了子女。我们看到，根据所提交的证据，由答辩人所做的答复是绝对可信的。

答辩人的父母，作为证人，也确定其女儿的诚信，同样也明认申请人所言且为事实："我女儿将会据实作答，至于申请人，我虽不能说什么，但我相信，在如此重要的一件事上，他会说实话的"（参对证人之问卷调查，第___问，___页）；"……双方在如此严肃的问题上，将会据实相告的"（参对证人之问卷调查，第___问，___页）。

当事人的诚信在案件的审理中，也会在其他证人的证词中得到证实。证人_____声明说："我从不怀疑，当事人会据实相告发生在他们婚姻中的一切"（参对证人之问卷调查，第___问，___页）。更能证明这一点的是证人_____，在论到双方当事人时，他说："这是一个涉及良心和信仰的问题，我不认为他们会欺骗法庭的。我所说的这一切都是我亲身经历的，我相信他们也会据实相告的"（参对证人之问卷调查，第___问，___页）。最后，证人_____也证明女方的诚信，并针对男方解释说："我的妹妹会就所发生的一切说实话的，因为我了解她，她是个诚实的人。至于申请人_____先生，虽然不是我敬仰的圣人，但我知道他会据实相告的，因为这是一个极为严肃而重要的问题，真理怎会缺席呢"（参对证人之问卷调查，第___问，___页）。

在当事人诚信这个问题上，证人们所持的意见一致；又鉴于所主张的无效名目是女方拒绝子女，那么在极大程度上便能使我们得出结论，当事人_____先生与_____女士所做的供述如实地反映了从他们恋爱、结婚以及到他们夫妻生活所发生的事实。尤其是答辩人，当所主张的无效名目指向女方拒绝子女时，由于其双重诚信——内在地对其自身，外在地对他人，迫使她出庭并如实地供述所发生的事实。

2. 关于当事人的恋爱和个人情况

1）_____先生与_____女士的闪恋

"我们相识于___年 1 月末在某地所举行的一次音乐会上。当时她生活在_____，而我生活在_____。那时我在_____公司上班"。"那时候我正在与一个___地的女孩交往，已经交往了有六七个月了……"（申请人的供述，第___问，___页）。申请人这样描述了他认识答辩人时的个人情况。

而答辩人_____女士这样回忆当时的情况："我们是在某地的一个舞会上认识的，那时我___岁；我在___公司上班，而他在____公司工作。我住在____，他生活在____"。"当我们认识的时候，他的确在跟___地的另一个女孩交往"（答辩人的供述，第___问，___页）。

从那时起两人之间便开始了交往，但申请人同时也与另外一个女孩交往，并相信没有人会知道他脚踏两只船的事情。但是_____女士的父母经过对我们的当事人多次调查后，这些事情便被暴露；这些调查不仅是为了使答辩人的家人得以心安，也是切实地把_____先生视为_____女士男友和未婚夫。于是，当申请人得知这些消息后（即对他进行的调查），他不得不与另一个女孩断绝关系，以证清白，同时也为了加固与答辩人的关系。

_____先生这样总结这些事情："……当我得知答辩人的父亲针对我所做的这些调查后，便与这个女孩断绝了关系，她的父亲还逼迫我公开地表示我是在跟他的女儿交往。她父亲将我跟答辩人交往的事情广为传播，这使得我不得不跟那个女孩断绝来往，而与答辩人明确关系"（申请人的供述，第___问，___页）。

答辩人与其家人都承认设法加强她与申请人的关系的这些事实。答辩人_____女士确认说："在得知申请人跟我交往后，我父亲便来了兴致，于是就跟认识他家人的人取得联系，我们得知他们家庭条件不错。这也促使了我们的关系很快便变成了恋人关系"（答辩人的供述，第___问，___页）。

女方的母亲陈述说："鉴于我们针对他是谁所采取的举动，这也是为了在出现应做之事前将其正式化，随后便正式确立了关系"（对证人之问卷调查，第___问，___页）。她的父亲也以类似的话解释说:"我很想知道他是谁,也曾听说他之前跟其他女孩子交往过。我很想知道他是否是一个严肃的小伙子,跟我女儿交往是否是严肃的事情。或许这使确立恋爱关系这件事有点仓促"(对证人之问卷调查,第___问,___页)。

答辩人的姐姐_____女士在论到_____先生时说:"对我来说,他不怎么样,但是对我的家人来说,经过调查后,所得到的的信息使他们认为这是个不错的小伙子"(对证人之问卷调查,第___问,___页)。"当他认识我妹妹的时候,他在跟另一个女孩交往……"(对证人之问卷调查,第___问,___页)。

促进二人关系的第二步就是正式确立恋爱关系(或者说订立婚约),而这则是发生在几周之后。就像明确二人的关系是由外在因素促成的一样,这并非是这种关系自然发展的结果。事实上,申请人与答辩人_____女士曾计划一起做一次旅行,而答辩人的父母则要求需先认识申请人,这一点所导致的结果就是,从此之后他们便成了正式的男女朋友关系。

申请人回忆说:"在我们认识2-3个月后,我们曾决定在周末一起去旅行,但是她告诉我这有点困难,因为他的家人不会让她跟我一起去旅行,除非我以正式男朋友的身份去见她的家人,于是我不得不这样做"(申请人的供述,第___问,___页)。答辩人也这样陈述了他们仓促确立恋爱关系的事实:"于是我们就成了男女朋友,这是由我们两个提出的,因为那时候我们正要一起去旅行,我的父母想认识他,因此便很快而正式地明确了我们的恋爱关系"(答辩人的供述,第___问,___页)。答辩人的姐姐也清楚记得当时的情景"……我的妹妹和_____先生计划一起去旅行。_____先生去了我父母的家里，于是就这样变成了我妹妹的正式男友"（对证人之问卷调查，第___问，___页）。

2）自此交往开始，便保持亲密关系

毫无疑问，除了上述这些事情，另一项加速二人关系的因素就是这两个年轻人从一交往开始，便保持着亲密关系。申请人供述说："我们在_____地认识两天后，当我还在与另一个女孩交往的时候，便发生了亲密关系"（申请人的供述，第___问，___页）。这一事实也被答辩人确认："我们认识后不久便发生并开始了亲密关系……"（答辩人的供述，第___问，___页）。

这种过早地保持亲密关系，在_____先生身上造成了一种依赖答辩人_____女士的状态，再加上答辩人父母所采取的举动，明显地人为因素过多，在申请人针对这种情感关系上，某种程度上缺乏真实的意愿。针对这一点，申请人告诉我们："与她保持亲密关系这一事实给我造成了一种明显地对她的依赖"（申请人的供述，第___问，___页）。

如果这些事实——我们可以说，是很自然的——隐瞒了答辩人的父母，那么显然其他的证人会了解的。女方的好友_____女士，针对这一点，供述说："我能明确证实，答辩人与_____先生在相识后不久便发生并保持了亲密关系……"（对证人之问卷调查，第___问，___页）。

答辩人的姐姐_____女士也表示说："我妹妹和我，在单身时一直睡在同一房间。我们之间非常信任，因此我知道她与

_____先生在结婚之前就保持着亲密关系……"（对证人之问卷调查，第__问，__页）。

自开始交往便保持亲密关系的这一事实，便证明及真实地反映出真正使申请人与答辩人结合在一起的因素并不存在。

如果我们不补充上在所有情况及每次发生关系时，二人都明确而积极地避免怀孕的危险，那么便不能说二人的亲密结合。正如在诉状当中所陈述的，这并非只是为了避免在仍是单身的情况下，导致不合时宜的怀孕，更是答辩人以明确而积极的态度表示出不想要孩子的意愿，不管是在婚前，还是在婚后，这一点我们在后面还会详细阐述。

男方供述说："自一开始她就对我说，让我不要慌，她会采用避孕措施，她并不想怀孕"（申请人的供述，第__问，__页）。女方也确认说："……每次我们都避免使我怀孕；都是在安全措施下进行的"（答辩人的供述，第__问，__页）。

答辩人的姐姐_____女士不仅了解答辩人_____女士采用避孕措施，而且还亲眼看到过她服用避孕药："每次他们都避免使她怀孕，为此而采用避孕措施。我还亲眼看见她服用避孕药"（对证人之问卷调查，第__问，__页）。

女方的好友_____女士，针对答辩人_____女士每次都设法避免怀孕的事实，又补充了一条更为重要的信息。也就是女方的个人情况，早在跟申请人交往之前，答辩人就曾与其他男人有过亲密关系，而且也是每次都避免陷入怀孕的危险。因此，并不只是在与申请人的亲密关系中设法避免怀孕，而是在认识申请人之后仍然继续在结婚前就采取避孕措施的做法。"我知道她每次与申请人发生关系时都服用避孕药,并不惜一切代价避免怀孕。此外,答辩人_____女士也曾与其他男人发生过关系,也知道她是怎样做的"(对证人之问卷调查,第___问,___页)。

3)当事人双方缺乏宗教热诚

当事人双方缺乏宗教热诚这一点说明,拒绝要孩子的这种举措并不触及他们任何人的宗教良知。申请人表示,尽管他始终"认为自己是一个有信仰的人","那时候也在宗教热诚上遭遇了危机"。但他又补充说:"她比我更不热心"(申请人的供述,第___问,___页)。女方也表示:"那时候,不管是他,还是我,我们从来不进教堂。在这件事上,我们两个都是零分"(答辩人的供述,第___问,___页)。

女方的父母也了解这种情况。答辩人的母亲解释说:"那时候,我的女儿,我想连_____也是这样,都缺乏宗教热诚,从来不进教堂。宗教事务极为松懈"(对证人之问卷调查,第___问,___页)。答辩人的父亲在表达他并不赞成两位年轻人的做法时,说:"在信仰上他们一点也不热心,……我从不接受他们在信仰上的这种做法"(对证人之问卷调查,第___问,___页)。

4)两者之间关系的不成熟性

申请人与答辩人之间的关系非常不成熟。建立关系和强化关系的方式、恋爱期的短暂,以及二人之间持续不断的冲突,都使得二人之间并未有足够的认识,他们的关系也并未得到足够的强化，结婚只不过是逃避未来的巅峰表现，而不是相互认识、真实相爱、经过深思熟虑后而自由决定的结果。

证人_____女士说："我经常说，进行的太快，还不应该结婚，因为他们都没准备好，彼此还没充分地相互认识。他们也没足够的时间相互了解"（对证人之问卷调查，第___问，___页）。还指出："……申请人与答辩人的关系随后就被确定并正式交往。他们进行的这么快，让我有些吃惊"（对证人之问卷调查，第___问，___页）。这位证人还补充说："对我而言，他们之间的关系处得不够严肃，就他们二人的年龄来说，也不够成熟"（对证人之问卷调查，第___问，___页）。"从他们相互认识到结婚还没一年的时间，对我来说，连最起码的了解都没有……"（对证人之问卷调查，第___问，___页）。

答辩人的父亲_____先生也确认了他们恋爱期的短暂："对我而言，他们交往连一年的时间也没有"（对证人之问卷调查，第___问，___页），也确认了他们之间缺乏真正的了解："他们相互并不了解，对此我非常确定；一切进行的都超级快"（对证人之问卷调查，第___问，___页）。答辩人的母亲_____女士也同样表示："我觉得自从他们认识到结婚之间的时间连一年也没有。对我来说，这时间太短了，连真正的相互了解还不够，并没有达到他们以为了解的程度"（对证人之问卷调查，第___问，___页）。最后她还证实："给我的印象是，他们并没有严肃对待他们的交往，也并不成熟，就跟小孩子过家家一样"（对证人之问卷调查，第___问，___页）。

双方当事人，至于时间，也承认结婚时并没有真正地了解对方，而且不成熟。男方表示"我们成为男女朋友连一年的时间也没有。这一点显然说明我们之间并没有达到足够的认识。我们之所以如此快地结婚，是因为我以为一旦结婚，我们之间的问题就会结束，我们就会变得幸福……"（申请人的供述，第___问，___页）。这里就能看出来，对申请人来说，与_____女士结婚就是为了逃避未来。在证实恋爱期并非像正常那样水到渠成，便将婚姻作为解决问题的措施。这就更加证实了当事人结婚时的不成熟和缺乏充足的准备。女方还证实："就我而言，我可以确定，那时候我还远未成为一个足以成家的成熟女性"（答辩人的供述，第___问，___页）。

5）_____女士在事业上的主角性

在_____女士与_____先生恋爱期间有一点非常重要且需要强调的是在答辩人与申请人开始交往后不久，答辩人便表现出在其事业上的主角性（即以事业为中心）。

事实上，答辩人与其他合伙人在____年的夏天开创了一家_____公司，并全身心地投入到事业的发展中。自此之后，有关公司的话题便成了二人不断争执的根源。对答辩人来说，加强业务和促进公司的发展是其首要目标，其他一切皆应位居其次；而对申请人而言完全相反，公司成了他们争执的中心，无论是从公司内部组织方面，还是专业能力及管理和行政层面都是激发矛盾的源头，尤其是在其未婚妻的生活中公司占据了首要地位，这使得申请人感到被边缘化，觉得对自己缺乏关注。

就此申请人表示："我们开始交往后没几个月,她联合她的朋友,一起组建了一个_____公司,并全身心地投入到其中:整个生活都是公司。对此非常着魔,为了公司的发展而放弃了一切;恋爱、婚姻都成了次要的事情,公司及其事业的发展占据了首位"(申请人的供述,第___问,___页)。答辩人也证实了这一点:"……在____年夏天我和另一合伙人一起创立一家_____公司,为此我全身心地投入其中……"(答辩人的供述,第___问,___页)。

自一开始,公司便成了二人之间重要问题和冲突的焦点,正如其他所有人在此案当中所证实的。答辩人的母亲_____女士证实说:"跟_____先生交往后不久,我的女儿便与其他人一起建立了一个_____公司。由于其性格的原因,她全身心地投入到公司的发展上……"(对证人之问卷调查,第___问,___页)。"公司的事对_____先生并未带来多大好处。相反,却成了争执的焦点,并且在他们二人之间出现了矛盾"(对证人之问卷调查,第___问,___页)。"他或许并未注意到,他就像是被排斥的人,并未给予他过多的关注……"(对证人之问卷调查,第___问,___页)。答辩人的父亲也陈述说:"公司的事确实是在他们之间引起了争执,并且日益激化。他并不赞成公司的运作,或许是因为他认为她比他强……"(对证人之问卷调查,第___问,___页)。"我的女儿全身心地投入在工作当中,并投入了大量的资金,她必需在最短的时间内回资"(对证人之问卷调查,第___问,___页)。

_____女士作证说:"答辩人与其他人一起创立了一家名为_____的公司,这事发生在她与_____先生开始交往后不久。她是一个具有进取心的女孩，并很快就全身心地投入到公司的发展中。公司的发展对她来说是极为重要的。因此全力全意地投入其中。我可以证实的是自从公司创立之后，＿＿＿＿女士与＿＿＿＿先生的关系便开始恶化"（对证人之问卷调查，第＿＿问，＿＿页）。

另一位证人＿＿＿＿女士也表示："我见证了公司的建立和发展，这也成了激发＿＿＿＿女士与＿＿＿＿先生之间矛盾的导火索和焦点。对他而言，公司运作并不太好，此外他还觉得被排斥，没有人把他当回事"（对证人之问卷调查，第＿＿问，＿＿页）。

另一位证人＿＿＿＿先生则供述："公司成了＿＿＿＿女士与＿＿＿＿先生不断发生争执的源头……他并不赞成她全身心地投入到公司内，并且还批评她领导公司的方式，他觉得受到排斥，就好像谁也不拿他当回事一样"（对证人之问卷调查，第＿＿问，＿＿页）。

女方也承认："一开始，他对我们的公司并不表达意见，但是两三个月后，他开始批评公司的运作方式。这就成了我与他之间出现分歧和矛盾的原因"（答辩人的供述，第＿＿问，＿＿页）。而男方也证实："我发现无论是她，还是她的合伙人，都没有管理公司的观念，我提出的任何建议都成了我们发生争执的导火索。我根本就不能给她提任何建议"（申请人的供述，第＿＿问，＿＿页）。

6）＿＿＿＿女士与她父亲的密切关系

另一个造成关系紧张和冲突的原因就是答辩人与其父亲之间的密切关系，答辩人＿＿＿＿女士的父亲对她享有绝对的长辈对晚辈的权威。因此申请人针对答辩人经常往就其父亲的做法解释为这是对申请人的排斥，并说明他的意见对她而言无足轻重。

申请人_____先生论及这些事实时表示："她父亲就是她的特别顾问。她只信任他，凡我能对她讲的，她都置若罔闻。而凡是她父亲所说的，她都执行；而我，说实话，觉得自己完全被排斥。显然我就是她的陪衬，其它一切她只信任她的父母"（申请人的供述，第___问，___页）。

答辩人则表示："我与父母的关系一直都是这么好，在有关公司的事务上，我父亲是我唯一的顾问。而_____先生从不接受，也不能容忍我对父亲的这种信任。他觉得是在排斥他，甚至有些吃醋。而这也就造成了申请人与我之间的不断冲突和烦恼"（答辩人的供述，第___问，___页）。

女方的母亲证实说："公司、他们的问题以及我女儿听从其父亲的建议这个事情所造成的他们之间的不融洽，这早在婚前就已存在，只是婚后变得更为明显而已"（对证人之问卷调查，第___问，___页）。证人还回忆说："_____女士是一个被家人宠爱的女孩"，"我丈夫与答辩人的关系极好"（对证人之问卷调查，第___问，___页）。

证人_____女士也证实说："答辩人_____女士与其父母的关系一直就密切。在与工作有关的问题上，她与她父亲保持特别的关系，总是听从他的劝告，并为她提供帮助。确切的说，这并未让申请人_____先生感觉到有多好，并为此还发生了很多争吵"（对证人之问卷调查，第___问，___页）。

答辩人_____女士供述说："……在生意的问题上，我非常信任我的父亲，并经常向他请教。而申请人_____先生则不喜欢这样，并且觉得受到了排斥，他无法容忍这些"（答辩人的供述，第___问，___页）。

答辩人的父亲最后总结说："公司和我女儿对我极大的信任，以及他（申请人）感觉到被排斥等这些事，不仅在他们恋爱的时候就造成了困扰，而且还导致了他们的婚姻失败"（对证人之问卷调查，第___问，___页）。

3. 婚礼及女方对子女的拒绝

1）在与_____先生缔结的婚姻中_____女士积极地拒绝子女

答辩人毫不讳言地承认在她与申请人的婚姻中积极拒绝子女的事实："……我的决定非常坚定和明确，就是不要孩子……我决意……不限期地……拒绝子女：没有时间的限制……。那时候从未因世上任何理由而改变过我不要孩子的决定。对此我非常坚定和决绝，故此但凡我的丈夫或某个人对我说，只要我向做母亲开放，便和我结婚，我都会拒绝，我也不会结婚的。我就是如此坚定地拒绝子女"（答辩人的供述，第___问，___页）。

答辩人在法庭上所表示的拒绝子女之供词的明确性，排除了其它任何解释说其言词并非是其拒绝子女之事实的一切可能性。答辩人是否自己坚持这些事实？或是曾告诉过他人？这种沟通是在婚前？抑或是婚后？

针对这一点，女方供述说："在婚前我就曾告诉过他，也跟我父母讲过，我不想要孩子。在结婚之前就是这种态度……"（答辩人的供述，第＿＿问，＿＿页）。男方也证实答辩人所说的："在我们结婚之前，她就曾跟我说过……她已经决定了不要孩子……。一开始我告诉她我同意她的决定，我之所以这样做是因为我相信，如果我告诉她我不接受她拒绝子女的决定，很可能她就不会跟我结婚。随着时间的流逝，她不要子女的这种决定仍然很坚定、严肃而固执……"（申请人的供述，第＿＿问，＿＿页）。

在上述的叙述中我们看到答辩人是完全拒绝子女的。这样，答辩人表示只要是向子女开放，她任何时候都不会结婚，而申请人则表示他不得不接受答辩人所提出的不要子女的这种要求和决定，因此，即使渴望跟她结婚，但也十分确定如果不接受拒绝子女这个决定，答辩人是不会跟他结婚的。

答辩人的父母也证实女方所供述的这些，在结婚之前，答辩人就曾向他们表示过在与申请人的婚姻中她会拒绝子女。答辩人的母亲＿＿＿＿＿＿女士说："我的女儿在结婚前就跟我说过她不想要孩子"（对证人之问卷调查，第＿＿问，＿＿页）。答辩人的父亲也解释说："我女儿在结婚前就曾表示她不想要孩子……在他们结婚前我老婆跟我讲过这些"（对证人之问卷调查，第＿＿问，＿＿页）。

其他证人也都了解女方拒绝子女："从我直接与她的聊天中可证实，在她与＿＿＿＿＿＿先生的婚姻中，她不想要孩子。在跟她的姐姐＿＿＿＿＿＿女士的聊天中，我们也曾谈起过，她很想有个外甥，但是她妹妹与＿＿＿＿＿＿先生并没有要孩子……。在婚前和婚后，我们都曾谈起过这个话题"（对证人之问卷调查，第＿＿问，＿＿页）。

证人_____女士也声明："在他们结婚之前，她直接跟我说过她不想与_____先生要孩子"（对证人之问卷调查，第___问，___页）。此证人还补充说："_____先生接受了她的决定。但我十分肯定，如果_____先生跟她说要跟她结婚，并希望能够怀孕，_____女士那时候肯定不会跟他结婚"（对证人之问卷调查，第___问，___页）。

最后，答辩人的姐姐_____女士则表示："在他们结婚前，我妹妹跟我说过她绝对不会跟_____先生一起要孩子。他也接受了这些要求"（对证人之问卷调查，第___问，___页）。

2）_____女士拒绝子女的理由

在与申请人的婚姻中，答辩人拒绝子女的理由有三个：第一条，也是基本的，就是她坚信做母亲与事业的发展是不相容的；第二，觉得自己并未达至要孩子所需要的足够成熟；第三，对与_____先生之关系的未来没把握。

女方表示："我很清楚，我的首要任务就是公司的发展：管理好、安排好等等，这就要求我全身心的投入。另一方面，他的工作时间非常极端，跟我的时间几乎没有交集，这也不可能使我成为母亲。在这种情况下，如何能有孩子？我的工作和目标就是公司，其它一切皆是次要的。我的决定非常明确和决绝，就是不要孩子，一旦怀孕，将会妨碍我的奋斗目标：公司的正常运转……。首要的目标就是我的事业，而孩子不可能进入我的生活……"（答辩人的供述，第___问，___页）。

男方也证实，答辩人_____女士不想要孩子的主要原因就是其公司占据首要地位。"在我们结婚之前,她就告诉我,在其生命中促进公司的发展是其首要目标,并且决定不要孩子,因为那将会妨碍她达到其职业目标……"(申请人的供述,第___问,___页)。

女方的母亲_____女士声称:"我女儿在结婚之前曾跟我说过她不愿要孩子。跟我所说的理由是公司很重要,她不能要孩子……"(对证人之问卷调查,第___问,___页)。"鉴于其实际情况,也不可能要孩子,_____先生便同意了她的决定。诚然,对我女儿而言,促进公司的发展是首要的,而子女与其工作不能兼容……我女儿不要孩子的这种决定非常坚决,在她与_____先生结婚之前就是如此"(对证人之问卷调查,第___问,___页)。

答辩人的父亲证明说:"在他们结婚之前,我女儿就曾表示过不想要孩子,她得投入到公司的发展及其工作中,而一旦有了孩子,这一切都将不可能。此外,_____先生的工作也无法得到确保"(对证人之问卷调查,第___问,___页)。"_____先生也赞同不要孩子的决定。而我也不认为从经济上来说,她已做好了要孩子的准备。正如我所言,我的女儿完全投入在其工作当中,她不能,也不想要孩子"(对证人之问卷调查,第___问,___页)。

答辩人承认:"不要孩子的理由是有关公司的问题,如果有了孩子,我就不能工作,不能如我所愿地促进公司的发展。婚前和婚后我们都谈论过这个问题"(答辩人的供述,第___问,___页)。

证人_____女士也说:"我可亲自证明,她……并不愿意在与_____先生的婚姻中要孩子。主要且首要的就是她的公司，她全心在工作上，其他一切都与其公司及职业目标不能兼容"（对证人之问卷调查，第___问，__页）。此证人还说："她对此的态度非常明确，最重要的就是公司"（对证人之问卷调查，第__问，__页）。

答辩人在婚前曾对她的姐姐_____女士说过"跟_____先生生孩子，根本不可能"。证人还补充说，对答辩人而言"公司占据第一位……我的妹妹很清楚，孩子将会妨碍其职业的发展"（对证人之问卷调查，第___问，___页）。

我们可以发现，答辩人的生活，几乎从认识申请人的时候开始，全部都是围绕着其职业计划在转。如此以来，其生活中的每个及其它所有领域的事情都被置于其职业工作之下，这样我们便明白其拒绝子女的事实完全与其生活几乎相吻合。此外，也不要忘记，因信仰不虔诚，缺乏信仰生活，女方便并不觉得受基督徒婚姻趋向子女的这种自然安排的约束。

女方还承认，至于强化其在与_____先生的婚姻中不想要孩子之决定的其它理由就是，"我经常有充足的理由怀疑我与申请人的关系是否会有圆满的结果，而这种怀疑也坚定了我不要孩子的决定。在那时候和那种情况下，我也并没有感觉到做好了成为母亲的准备"（答辩人的供述，第___问，___页）。

女方的亲人也证实了答辩人拒绝子女的这些其他理由。她的母亲指出："她也在等待看她与_____先生的关系如何发展，然后再定"（对证人之问卷调查，第___问，___页）。证人还强调：

"我的女儿对做母亲来说毫无准备。此外她与＿＿＿＿＿＿先生的关系也不怎么好，也不知道会有怎样的结局"（对证人之问卷调查，第＿＿＿问，＿＿＿页）。

答辩人的母亲＿＿＿＿＿＿女士还表示："我并未看到我女儿已经准备好做母亲。我认为，并且知道她不要孩子的一个理由就是，除了想看看他们的关系是否会稳定之外，那时候他们之间已经亮起了红灯"（对证人之问卷调查，第＿＿＿问，＿＿＿页）。答辩人的姐姐证实："公司占据首位，她也期望他们的关系能够日趋稳定"（对证人之问卷调查，第＿＿＿问，＿＿＿页）。

3）婚礼

上述我们已经论述了当事人双方彼此走进婚姻的一些情况。其中可取的一点就是双方都愿意加深和强化恋爱关系，而不是断绝这种关系。两个年轻人在这个过程中都表现的已考虑好，而这只能解释为是"对未来的逃避"或"逃向未来"，于是就决定结婚了。坚持结婚的人是申请人，由此可见，作为答辩人的丈夫，相对妻子而言，在这一点上他是强势的，并认为存在二者之间的问题也会逐渐得到解决。任何事情离现实都不远。

男方承认："我们很快就结婚了，因为我当时想，只要一结婚，我们的问题就会终结，并且会变得幸福；然而，事实并非如此……非常明显的是我们根本都不了解对方。一切变得越来越坏"（申请人的供述，第＿＿＿问，＿＿＿页）。

女方揭露了她与申请人结婚的理由："我当时认为，如果两个人相爱，并没有理由必需保持在一起……我承认，那时候我远远不是一个足以做出婚姻承诺的成熟女人"（答辩人的供述，第___问，___页）。

证人们的证词也验证了当事人决定结婚时的情况。答辩人的母亲_____女士表示："给我的印象是，他们的关系并不严肃，也并未达至结婚的程度"（对证人之问卷调查，第___问，___页）。"是男方主动提出结婚的，并且我认为他们只是想借此生活在一起而已。我跟他们说过，必需在教会内结婚，他们也这样做了。一切进行得都太快了，简直不可思议"（对证人之问卷调查，第___问，___页）。

答辩人的父亲也证实："他……很急于结婚。我觉得一切来的太快且草率了。我已经说过，他们相互了解的还不够，从结婚之日起，这就注定了他们的失败"（对证人之问卷调查，第___问，___页）。

证人_____女士则表示："我觉得_____女士与_____先生之间的关系并不太严肃，也不成熟。是男方主动提出结婚的，因为这是拥有_____女士的一种方式，他非常喜欢她，另外也是出于嫉妒（别人）。从他们相互认识到结婚连一年的时间都没有，我认为他们连最起码的了解都没有，之后更因为创立公司的事情而发生了争执"（对证人之问卷调查，第___问，___页）。

答辩人的姐姐指出："我一开始就说，这进行的太快了，他们不应结婚，因为他们并未准备好，彼此之间也没有足够的了解。他们也没有时间进行充分的了解"（对证人之问卷调查，第___问，___页）。"我始终反对这桩婚姻。从来就不认为_____先生是适合我妹妹的男人，之后在有关公司事务上的争执、与我家人的关系等，都说明了这一点。直觉告诉我这桩婚姻不会有好结果，在我们妹妹倒霉的事情上，我从来没有错过"（对证人之问卷调查，第＿＿问，＿＿页）。

在这种不成熟、不确定的情况下，当事人双方就结婚了，其中重要的是答辩人非常坚决而完全地拒绝子女。答辩人所付诸的婚姻合意并不是一个经过慎重考虑、成熟而负责任的决定所产生的结果；相反，不要孩子的这个决定则是理智和意志完全而圆满参与的行为。

4. 短暂而糟糕的夫妻生活；拒绝子女之决定的实施

当事人的婚姻生活有两个特点：一是答辩人极为决绝且毫无例外地将其不要孩子的决定贯彻到底；一是从结婚之日起就已出现问题的二人之间的关系，非但没有转好，而且更趋恶化，直到最终的破裂。在分居几年后，修合的幻想并非实现，反而坚定了女方不要孩子的决定，夫妻二人的关系缺乏绝对稳定的基础，以致于经过短暂的夫妻生活后便宣告结束。

1）女方决绝地落实了其不要孩子的决定

女方供述说："婚后我的态度与婚前一样，就是无论如何都不要孩子。我们尽可能地以各种方式避免怀孕，对此从未放松过警惕。首先要做的就是确保我不能怀孕。在我们的性生活当中，这是首先要做的。在我们共同生活期间这个决定从未改变过"（答辩人的供述，第＿＿问，＿＿页）。

男方也证实了女方避免怀孕危险的做法，这种做法"正符合她在婚前所做的决定。每次她都采用避孕措施；她保持着极高的警惕，以免陷入怀孕的危险。她的这种做法如此决绝，以致于有时候我担心使其怀孕，而避免跟她发生性关系。为了避免怀孕，她采取了各种方法。每次且始终都是这样"（申请人的供述，第___问，___页）。申请人还补充说："她的这种决定非常坚决：任何时候都不能要孩子，且一丝不苟地持守着这个决定。为了避免使她怀孕，我们采取的各种措施。从这种意义上来说，从未冒过险。一旦出现疑问，我们就避免发生性关系。她将其个人自由、她的公司、她的事务等放在第一位，做母亲在任何时候都是不能接受的，她从未想过做母亲；在结婚之前，不要孩子的这种决定，并未随着时间的流逝而发生过改变，虽然我们之间的关系并不好，但若有孩子的话，会更加糟糕"（申请人的供述，第__问，__页）。

至此可以看出，女方很明确地决意拒绝子女。如果说在很多其它的案件中，针对避孕措施的采用，我们会遇到一定的疑惑，甚至其他亲近的人都无法得知此类情况，但在此案中，采取避孕措施并不是隐秘的事情，因为很多证人都直接地了解事实。答辩人的母亲声明："我的女儿自始至终就坚持不要孩子，甚至从结婚第一天起，他们的夫妻生活就是一场灾难。我可证实，我亲眼见过我女儿服用避孕药。她从未想怀孕，也不会让自己在这方面冒险"（对证人之问卷调查，第___问，___页）。证人不断地重复说："我可证实，她确实在服用避孕药。因为我亲眼见过"（对证人之问卷调查，第___问，___页）。

答辩人的母亲还表示:"我女儿与_____先生始终保持着不要孩子的决定,虽然自结婚之初二人的生活就一团糟……但是她一直服用避孕药……并想尽一切办法避免怀孕"(对证人之问卷调查,第___问,___页)。

证人_____女士指出:"我们拥有同一个妇科医生,我可直接证实,自结婚之前,她一直采用着避孕措施。我还知道,每次她跟她丈夫发生性关系时,都设法避免陷入怀孕的危险。其不要子女的意愿从未改变过,另外我们也注意到,他们俩的生活自一开始就是一团糟"(对证人之问卷调查,第___问,___页)。

答辩人的姐姐_____女士在论到答辩人时指出:"她不管什么时候,从未改变过不要孩子的这种决定,无论是婚前,还是婚后,尤其是婚后,我注意到,她跟_____先生根本无法生活在一起"(对证人之问卷调查,第___问,___页)。"二人的夫妻生活也始终避免陷入怀孕的危险"(对证人之问卷调查,第___问,___页)。

最后,这位证人还证实说:"我妹妹在结婚后也未曾改变过她的决定。仍然在继续服用避孕药。此外,由于自一开始二人的生活就不如意,这更坚定了她不要孩子的决定。我可以证实,他们有段时间并未发生亲密关系,我之所以知道,是因为他们夫妻俩与我的家人我们曾有一段时间生活在一起,而我的妹妹经常向我吐露她的遭遇"(对证人之问卷调查,第___问,___页)。

通过女方的供词和其他参与此案之证人的陈述,至此我们可以得出结论,答辩人_____女士彻底落实了其在与_____先生的婚姻中不要孩子的决定，并在与申请人的性生活中始终采用避孕措施，甚至在有怀疑的时候，不管这种怀疑程度有多大，都避免发生关系，以防导致怀孕。

2）短暂而糟糕的夫妻生活

申请人承认："夫妻共同的生活实际上根本不存在，结婚非但没使我们之间的关系变好，反而更为糟糕。我们彼此谁也不理解谁，且经常发生口角。可以说，我们之间共同的生活几乎从未存在过。最初我们只是生活在一起几个月而已，还发生了几次几乎要分手，因此几个月之后我们就分居了，这次分居一直持续到___年夏天。对她来说，眼中只有她的父母与事业，我们也几乎没有夫妻生活，因为在她生命中占据首位的是她的公司，其次是她的父母，而我在她的生活中几乎没有位置。所有在恋爱期间的冲突在婚后更为激烈。我们之间几乎跟婚姻不沾边"（申请人的供述，第___问，___页）。

对男方来说，局面变得如此难以承受，就像堕入地狱一样。他这样阐述那些事实："这段短暂的夫妻生活，我们住在女方父母的家里，但是我们只住了一个月；因为随后她的父母也来了，连同其兄弟姐妹，我们住在一起。她完全地投入在其自己的事务中，而我感到完全被排斥在外了。相比一桩婚姻而言，我更像他们收养的儿子。针对她而言，我的意见和建议根本一文不值。以致于最后给我造成了严重的心理问题：恐惧、害怕，还做噩梦。专家告诉我，所有这些现象都是我内心觉得婚姻失败所导致的"（申请人的供述，第___问，___页）。

在经过极为短暂的——连九个月的时间都没有——夫妻生活之后，当事人双方事实上已经分居，甚至没有什么能使二人再结合，每个人在各自的生活中像单身的人一样活着。申请人供述说："我已经说过，自 1993 年末到 1994 年夏天，我们事实上一直分居着，各自过着个人喜欢的生活，就像没什么能够使我们再结合一样。两个人完全过着单身的生活"（申请人的供述，第___问，___页）。

从消极角度来看，这与答辩人对夫妻生活的描述是一样的："夫妻共同的生活不能再糟糕了：第一阶段只持续了几个月而已……我们的关系是如此的糟糕，以致于——根据心理医生所说的——他的心理系统出现问题。换言之我们夫妻关系的失败非常恐怖。我们不在同一频率上，完全没有"（答辩人的供述，第___问，___页）。"第一次破裂发生在十一月，其实之前已经有分手的理由了。在同一年的十二月，我们已经开始分居了"（答辩人的供述，第___问，___页）。"我们分居了差不多十个月；不管是他，还是我，都以为不会再有交集，每个人都可自由地与感兴趣的人交往，而我们也确实这样做了"（答辩人的供述，第__问，__页）。

答辩人的姐姐陈述说："一开始的夫妻生活只持续了几个月而已。确实非常糟糕……在夫妻生活中，恋爱时的冲突不断升级。期间发生过几次争吵，直到 1993 年末，两个人开始分居。两个人分居了差不多一年，此外，每个人都完全自由地与他人交往。彼此都觉得是自由的，不受二人夫妻关系的约束"（对证人之问卷调查，第___问，___页）。

答辩人的姐姐_____女士还表示:"对我来说,早已料到了他们的夫妻生活很快就会失败的。他们曾有过很多冲突和争执,这些争执来自于恋爱期间所涌现出的差异,有关公司的事务。他们一起生活了六七个月,然后就分居了,几乎有一年的时间,每个人过着各自的生活"(对证人之问卷调查,第___问,___页)。

证人_____女士陈述说:"第一阶段他们一起生活了六七个月。我看到他们发生过很多争执,经常见到女方把她姐姐叫到她在我们工作地方的办公室,她姐姐不止一次地来帮助她。他们在1993年底开始分居,持续了差不多有一年的时间,在这期间各自过着自己的生活,就像单身一样"(对证人之问卷调查,第___问,___页)。

女方的父亲表示:"曾发生过很多次争执。因为那时他们跟我们一起住,我太太已经厌倦了听他们争吵。在他们结婚同一年的十一月,他们的关系发生了破裂,最终在1993年圣诞节前开始了分居"(对证人之问卷调查,第___问,___页)。答辩人的母亲也证实了这种说法:"他们的夫妻生活自一开始就很糟糕。他们当时住在我们的一所房子里,我们曾有一段时间也住在那里。因此我知道他们过得很糟糕。我亲眼见到过,也体验过。在那年夏末他们之间出现了破裂,之后就开始分居。我曾多次听到他们在房间内争吵,所争执的问题也就是在结婚前一直有的问题:公司啊、她父亲对她的劝告啊、对他不管不顾啊……"(对证人之问卷调查,第___问,___页)。"他们分居了几乎有一年的时间,期间各自过着各自的日子,很自由"(对证人之问卷调查,第___问,___页)。

至于我们可以将其称之为和好的迹象，男方回忆说："我们只是偶然地又同居了两三次，其中一次她跟我说为什么我们不试着重新生活在一起，看看如何发展，我就同意了。但是不幸的是情况比原来更糟糕。在那段时间，她不要孩子的决定更为坚决。我们的关系一如既往地糟糕，试图使其怀孕简直是荒唐的事情。在那段时间，为了避免怀孕，她一丝不苟地采取避孕措施。尽其所能地排除各种导致怀孕的危险"（申请人的供述，第___问，___页）。"这次努力持续了几个月，再没有比这更糟的事情了。就像我前面所说的，比先前更为糟糕。自结婚后，我们分居的时间比生活在一起的时间还多。这是一桩自一开始就注定失败的婚姻。完全是一场灾难，就像恋爱的时候一样"（申请人的供述，第___问，___页）。

与此同时，答辩人也确认："我们曾试图重修旧好，重建共同生活，然而一切发展的比原来更糟糕，彻底完了。即便如此，在当时我们也是很严肃地对待，以免使我怀孕。否则的话将会使我发疯，而且也是不负责任的"（答辩人的供述，第___问，___页）。

我们可以明确地看出，在这第二次的同居生活中，女方以及男方仍然都坚持绝对地不要孩子，并谨慎地避免怀孕。女方表示："我们曾偶然地多次同居，我并且提出看看是否能重归旧好。他也同意了……；我曾说过，在那段时间，我更坚决地坚持在我的婚姻中不要孩子。这次的努力只坚持了几个月而已"（答辩人的供述，第___问，___页）。

重修旧好的事实，对不要孩子之决定的坚持，以及快速而彻底失败等都是为所有证人所证实的事实。例如，答辩人的母亲表示："大概在 1994 年中，他们曾有过一次重修旧好的努力，愿意看看是否能继续。算是一段试验期"（对证人之问卷调查，第＿＿问，＿＿页）。"在这段时期，他们无论是谁，都坚持不要孩子。只是想看看事情如何发展，并没有其他的要求"（对证人之问卷调查，第＿＿问，＿＿页）。"但事情发展的比原来更为糟糕。可以说是彻底的失败。仅几个月后又开始分居"（对证人之问卷调查，第＿＿问，＿＿页）。

　　证人＿＿＿＿＿＿女士陈述说："1994 年夏天他们曾试着看看是否能重修旧好。如果说在结婚前，他们就拒绝子女，那么在这次的过程中，他们更决绝地坚持不要孩子，只是为了看看事情如何发展。但在几个月后，计划以失败而告终，正如他们决定这样做的时候，我所预料的一样"（对证人之问卷调查，第＿＿问，＿＿页）。证人＿＿＿＿＿＿女士（对证人之问卷调查，第＿＿问，＿＿页）、＿＿＿＿＿＿先生（对证人之问卷调查，第＿＿问，＿＿页）和＿＿＿＿＿＿女士（对证人之问卷调查，第＿＿问，＿＿页）都有类此的证词。

　　总而言之，当事人双方之间的关系，以失败而告终，充满了荒谬的言行；而且二人聚少离多。答辩人从与申请人结婚开始，自始至终地履行了其不要子女的决定。

5. 结论

　　我们从总体上来看一下答辩人＿＿＿＿＿＿女士在其与申请人＿＿＿＿＿＿先生所缔结的婚姻中拒绝子女的事实。

正如我们上述所证实的，女方早在认识男方之前，就与其他男性保持着亲密关系，而且完全杜绝怀孕的危险。在与申请人开始交往后，他们虽然也经常发生亲密关系，但女方仍然保持着她杜绝子女的决定和做法。结婚后，由于在女方生活中首要的是促进公司的发展和在事业上的成就，并且认为子女与事业是不相容的，自觉并未准备好做母亲，况且与申请人的关系也并不扎实，故此便强势地告诉申请人，他们不会有孩子的。在婚后短暂的同居生活中，女方始终采取避孕措施，设法确保不会有怀孕的危险，藉以维持其在与申请人的婚姻中不要孩子的决定。

　　所有这些事实，在此案中充分地证实了我们所得出的结论，也促使我们尊重诉状，并以此案答辩人，婚姻中女方因拒绝子女而缺乏真实的婚姻合意为理由，来声明_____先生与_____女士之婚姻无效，以肯定的方式答复诉讼标的。

　　故此，我恳请贵法庭，鉴于上述所言，受理此辩护书。并审理答辩人的辩词。依法作出判决，并以申请人在诉讼标的中所主张的无效名目，声明_____先生与_____女士的婚姻无效。

　　此致

　　　　　　　　　　　　　敬礼
　　　　　　　　　　　　　律师：（签名）
　　　　　　　　　　　　　___年___月___日

34. 辩护书及意见书受理法令和答辩期限之预定

_____教区

教会法庭　　　　　　　　　　C.Nul：<u>某某-某某</u>
　　　　　　　　　　　　　　Nº：_____

法　令

　　本法庭已收到当事人在所规定期限内，以合法方式所呈递之辩护书和此案之婚约辩护人的意见书，且已载入卷宗内。

　　现依法将各方辩护书之副本交予对方，并依法典 1603§1 之规定，限当事人双方于十日有效期内提出答辩。

　　谨此通知！

　　（法庭印章）

　　　　　　　　审判长（签名）

　　　　　　　　　　　　　　书记员：（签名）
　　　　　　　　　　　　　　___年___月___日

　　通知已下达，且已执行。谨此证明。

诉讼法

35. 案件转由审判员最后研究之裁定书

_____教区

教会法庭　　　　　　　　　　　　C.Nul：<u>某某-某某</u>
　　　　　　　　　　　　　　　　　Nº：_____

裁定书

本法庭已收到申请人针对婚约辩护人之最终意见书所提出的答辩；且婚约辩护人已审阅其上述意见书，现将卷宗转由审判员进行最终的研究并做出表决。

谨此

（法庭印章）

　　　　　审判长（签名）

　　　　　　　　　书记员：（签名）
　　　　　　　　　___年___月___日

已执行。谨此证明。

36. 将卷宗转由某审判员进行最终研究之通知书

_____教区

教会法庭　　　　　　　　　　　C.Nul：某某-某某

　　　　　　　　　　　　　　　N°：_____

尊敬的_____审判员阁下：

　　本人很荣幸地将上述所指婚姻无效案件之原始卷宗转交给阁下，以便阁下进行最终的研究；并恳请阁下，依要求完成相关工作后，将卷宗于___年___月___日前，归还于此秘书处。

　　此致

　　　　　　　　　　　　　　敬礼

　　　　　　　　　　　法庭秘书（或书记员）：（签名）
　　　　　　　　　　　　___年___月___日

注：此处法庭秘书与书记员为同一人。

　　　　　　——译者注

37. 判决日之裁定书

_____教区

教会法庭　　　　　　　　　　　　C.Nul：**某某-某某**
　　　　　　　　　　　　　　　　　Nº：_____

裁定书

　　本法庭已收到所返还之卷宗，现传唤尊敬的合议庭各位审判员，于___年___月___日___时，赶至本法庭之审判庭，针对"**某某-某某**"之婚姻无效案件做出最终判决。

　　谨此

（法庭印章）

　　　　　　　审判长（签名）

　　　　　　　　　　　　书记员：（签名）
　　　　　　　　　　　　___年___月___日

　　附上各审判员姓名：_____

　　　　　　　　　　　_____

　　　　　　　　　　　_____

38. 最终判决之庭审记录

_____教区

教会法庭　　　　　　　　　　C.Nul：**某某-某某**

　　　　　　　　　　　　　　Nº：_____

　　依事先合法传唤，尊敬的_____审判长和审判员_____与_____，及覆白官，于___年___月___日___时，齐聚于本法庭之审判庭，以裁决对卷宗研究之结果和针对"**某某-某某**"之婚姻无效案件做出最终判决表达各自之意见。

　　在各审判员陈述其结论和发表意见后，尊敬的审判员们针对此案之诉讼标的：（*指出此案的具体诉讼标的*）做出如下答复：

　　针对申请人所主张之（指出具体无效名目），做出**肯定答复**；而针对所主张的其他无效名目，则给予**否定答复**，故此证实此案之婚姻无效。

　　最后一致同意由审判长和覆白官依上述意思来撰写判决书。

　　在此，我谨证明上述之事实，并由所有参与此次庭审之人员签署。

　　（法庭印章）

　　　　　　　　　审判长（签名）

　　审判员一（签名）　　　　审判员二（签名）

　　书记员：（签名）　　　　　___年___月___日

诉讼法

39. 公布判决之裁定书

_____教区

教会法庭　　　　　　　　　　C.Nul：**某某-某某**

　　　　　　　　　　　　　　Nº：_____

　　现公布由本法庭针对上述所指婚姻无效案件之判决的判决书；并告知案件当事人双方可前往本法庭之秘书处索阅，且有权索取判决书之副本。

　　本法庭将以邮寄方式正式通知双方当事人。

（法庭印章）

　　　　　　　审判长（签名）

　　　　　　　　　　　　　　书记员：（签名）

　　　　　　　　　　　　　　___年___月___日

通知已下达，且已执行。谨此证明。

40. 一审最终判决书之格式

_____教区

教会法庭　　　　　　　　　　C.Nul：**某某-某某**
　　　　　　　　　　　　　　Nº：_____

判 决 书

因天主之名，阿们！

在至圣圣父教宗_____治理普世教会之下，_____作为_____教区主教，在_____（具体地址）设立了教会法庭，并以尊敬的_____作为审判长，连同_____和_____两位审判员，于___年___月___日组成合议庭。

鉴于已浏览并审阅了由_____先生针对其与_____女士之婚姻所提出的婚姻无效诉讼案件的所有卷宗；_____先生依法委托了_____为其代理人，_____为其辩护律师；_____女士则依法委托了_____为其代理人，_____为其辩护律师，来参与本案的诉讼；并因_____（指出具体管辖理由）核实了本法庭之管辖权；_____作为本案之婚约辩护人参与了诉讼，其意见书已载于卷宗内；我们以初审身份现宣布如下之**肯定判决**：

一、事实引证

1. 作为配偶，_____先生与_____女士于___年___月___日，在_____堂区，以教会法定仪式缔结婚姻；在此婚姻中并未有子女。

2. （及后续）（简要陈述双方当事人相关事实）

......

6. 申请人于＿＿年＿＿月＿＿日向本法庭呈递诉状（见卷宗＿＿页），并于＿＿年＿＿月＿＿日得到受理（见卷宗＿＿页）；＿＿年＿＿月＿＿日拟定了诉讼标的，如下：

"**是否证实此婚姻因男方/女方＿＿＿＿＿＿＿（指出具体无效名目）而无效**"。

7. 所提交之证据藉＿＿年＿＿月＿＿日之裁定书得到受理（见卷宗＿＿页），依法审理后，便在＿＿年＿＿月＿＿日对证据进行了公布（见卷宗＿＿页），最后于＿＿年＿＿月＿＿日做出了结案处理（见卷宗＿＿页）。

在完成了其它的法定要求后，本法庭于＿＿年＿＿月＿＿日举行了庭审，并依法做出了最终判决。

二、法律依据

（简要陈述判决所依之法律或理由）

三、针对所述之事实

（简要陈述判决所依之事实依据）

四、执行部分

故，根据以上所述之法律依据和事实证据，我们——如下签署之各位审判员——做出最后审理，并一致判决，针对在此案中所拟定之诉讼标的，我们做出如下回应：

第一、针对_____（指出具体无效原因），给予**肯定**答复。意即：在此案中，证实因_____（指出具体无效名目），因女方（或双方等），婚姻无效。

第二、**我们声明**_____**先生与**_____**女士依法所缔结之婚姻，因**_____（指出具体无效名目）**而无效。**

第三、法庭的诉讼费用应由_____方支付。

此乃本法庭最终判决，即日予以公布和执行；涉案各方根据神圣的教会法和本法庭之条例，可依法对此判决提出上诉。

（法庭印章）

      审判长（签名）

审判员一（签名）　　　　　审判员二（签名）

         书记员：（签名）

        ___年___月___日

41. 致涉案律师之判决通知书

_____教区

教会法庭　　　　　　　　　　　**C.Nul**：<u>某某-某某</u>
　　　　　　　　　　　　　　　　　Nº：_____

尊敬的_____律师：

　　今附上上述所指婚姻无效案件判决书之副本。根据法典 1630 之规定，针对此判决，阁下有权在自即日起十五日有效期内向本法庭提起上诉。

　　此致

　　（法庭印章）

　　　　　　　　　　　　　　　　书记员：（签名）

　　　　　　　　　　　　　　　　__年__月__日

42. 致当事人代理之判决通知书

_____教区

教会法庭　　　　　　　　　　C.Nul：某某-某某

　　　　　　　　　　　　　　Nº：_____

尊敬的_____代理人：

　　上述所指婚姻无效案件已于___年___月___日做出最终判决。根据法典 1615 和 1630 之规定，本通知书具有上述法律所规定之效果。针对此判决，阁下有权在自即日起十五日有效期内向本法庭提起上诉。

　　此致

　　（法庭印章）

　　　　　　　　　　　　　　　书记员：（签名）

　　　　　　　　　　　　　　　___年___月___日

注：阁下可前往本法庭秘书处索取本案判决书之副本，并支付所规定之费用。

诉讼法

****

43. 将判决书及卷宗转往上诉法庭之裁决书

_____教区

教会法庭　　　　　　　　　　　C.Nul：某某-某某
　　　　　　　　　　　　　　　Nº：_____

裁 决 书

根据法典 1680§2 之规定，现将上述所指婚姻无效案件之判决书及相关卷宗，转呈给上述法庭。

谨此通告！

（法庭印章）

　　　　　　　审判长（签名）

　　　　　　　　　　　　书记员：（签名）
　　　　　　　　　　　　___年___月___日

通知已下达，且已执行。谨此证明。

44. 上诉法庭维持一审判决之裁决书

_____总教区

教会法庭   C.Nul：某某-某某

Nº：_____

_____教区教会法庭

裁 决 书

1. 鉴于_____教区教会法庭在___年___月___日，于一审对上述所指婚姻无效案件作出了判决，并声明"**某某-某某**"之婚姻，因_____（指出具体无效名目）而证实无效。

2. 又鉴于本法庭之婚约辩护人于___年___月___日所呈递之意见书，表示并不反对维持一审判决。

3. 又根据如下法律之规定：

1）-（*法典 1057§2：婚姻合意……*）

2）-（*法典 1101§2：当事人之一方或双方，以意志……排除……*）

4. 在审阅了本案之卷宗和呈递之证据，我们尊重_____教区教会法庭，在上述所指婚姻无效案件中所做出的判决，根据如下理由，维持一审判决：

1）证实……

2）同样证实……

......

故此，鉴于此案事实及法律依据，和婚约辩护人之意见，本法庭决定维持_____教区教会法庭在___年___月___日所做之一审判决；同时声明：_____先生与_____女士依法所缔结之婚姻，因_____（指出具体无效名目）证实无效。

（若有必要，可附上禁令：*禁止本案之女方/男方再结新婚，除非其对婚姻概念之理解切实改变，并在其教区教长面前宣誓完全接受教会针对婚姻之教导*）

上诉之费用应由____方支付。

本最终裁决即日公布，并即刻执行。

（法庭印章）

　　　　　　　　　审判长（签名）

审判员一（签名）　　　　　　审判员二（签名）

　　　　　　　　　　　书记员：（签名）

　　　　　　　　　　　___年___月___日

45. 致一审法庭之司法代理通知书

_____总教区

教会法庭   _____（具体地址）

尊敬的_____阁下：

  非常荣幸地通知阁下：针对贵法庭于___年___月___日针对"某某-某某"婚姻无效案件所做之判决，本法庭于___年___月___日已做出裁决，并维持贵法庭所做之一审判决，现附上裁决书之真实副件且可执行。另附上此案之一审原始卷宗。特此通知！

（法庭印章）

          书记员：（签名）

          ___年___月___日

46. 致案件当事人之通知书

_____教区

教会法庭　　　　　　　　　　　C.Nul：某某-某某
　　　　　　　　　　　　　　　　Nº：_____

尊敬的_____先生/女士：

　　针对本法庭于___年___月___日就上述所指婚姻无效案件所做之一审判决，_____总教区教会法庭在___年___月___日已裁决维持一审判决。现附上其裁决书之真实副件。

　　特此通知！

　　愿天主降福您！

（法庭印章）

　　　　　　　　　　　　　　　　　书记员：（签名）

　　　　　　　　　　　　　　　　　___年___月___日

47. 判决登记通知书

_____教区

教会法庭　　　　　　　　　　C.Nul：**某某-某某**
　　　　　　　　　　　　　　　Nº：_____

尊敬的_____堂区主任：

　　恳请阁下在贵堂区婚姻登记册中，有关_____先生与_____女士于___年___月___日结婚登记部分，和_____先生/女士领洗登记簿部分，作出如下标注："_____先生与_____女士之婚姻已由_____教区教会法庭于___年___月___日一审判决并声明无效；且由_____总教区教会法庭于___年___月___日裁定维持一审判决。（*若如_____教区教长/或_____教区教会法庭之准许，男女/女方不得再婚*）"。

　　在完成上述要求后，烦请阁下通知本法庭已执行上述要求。

　　顺颂主恩！

（法庭印章）

　　　　　　　　　　　　　　　司法代理：（签名）

　　　　　　　　　　　　　　　___年___月___日

参考书目

ACEBAL LUJAN, J.L., *Principios inspiradores del derecho procesal canónico*, en AA.VV., *Cuestiones básicas de Derecho procesal canónico*, Salamanca 1993; IBIDEM, *La ausencia en el proceso de nulidad de matrimonio*, en *Curso de Derecho matrimonial y procesal canónico para profesionales del foro*, IX, Salamanca 1990; IBIDEM, *Nulidad de actos y nulidad de sentencia*, en *Curso de Derecho matrimonial y procesal canónico para profesionales del foro*, Salamanca 1982

ARRIETA J. I., (Ed.), *L'istruzione Dignitas connubii nella dinamica delle cause matrimoniali,* Venezia Marcianum Press 2006; IBIDEM, *La noción de "processus"*, en "Ius Canonicum", XVIII, nª 35 y 36, (1988), pp. 347-404.

ARROBA. M.J., *Diritto processuale canonico*, Roma 1993.

ASOCIACIÓN ESPAÑOLA DE CANONISTAS/ RODRIGUEZ CHACON Rafael (Coord.)/ RUANO ESPINA Lourdes (Coord.) *Los procesos de nulidad de matrimonio canónico hoy : (actas de la jornada especial habida en Madrid el día 23 de septiembre de 2005 para el estudio de la instrucción Dignitas Connubii).* Madrid Dykinson 2006.

BAÑARES, J.I., *La función orientadora de la Rota Romana: la justicia "in casu" y la norma procesal en un supuesto de grave defecto de discreción de juicio*, en "Ius Canonicum" XXXIII (1993); IBIDEM, *Antropología cristiana y peritaje psiquiátrico en las causas matrimoniales*, en "Ius canonicum" XL (2000),

413-437; IBIDEM, *La dimensión moral de la actuación en los procesos de nulidad matrimonial: comentario al Discurso de Juan Pablo II al Tribunal de la Rota Romana de 29.I.2005*, "Ius canonicum" XLV (2005), 259-269; IBIDEM, *¿Normas procesales vs charitas pastoralis en la nulidad del matrimonio?: el discurso de Benedicto XVI al tribunal de la rota romana de 28 de enero de 2006*, en "Ius canonicum" XLVI (2006), 299-306

BELENCHON, E., *La prueba pericial en los procesos de nulidad de matrimonio*, Pamplona 1982.

BETTETINI, A., *La restitutio "in integrum" processuale nel diritto canonico. Profili storico-dogmatici*, Padova 1994.

BOCCAFOLA, K., *Comentario a los cánones 1574-1586*, en *Comentario Exegético al Código de Derecho Canónico*, Obra coordinada y dirigida por A. Marzoa, J. Miras y R. Rodríguez-Ocaña, Vol. IV/2, Pamplona 1996.

BONNET, P.A., *Comentario a los cánones 1446-1457, 1587-1595*, en *Comentario Exegético al Código de Derecho Canónico*, Obra coordinada y dirigida por A. Marzoa, J. Miras y R. Rodríguez-Ocaña, Vol. IV/1 y 2, Pamplona 1996 ;IBIDEM, *Il proceso matrimoniale canonico*, Città del Vaticano 1994; IBIDEM, *Il Giudizio de nullità matrimoniale nel casi speciali*, Roma 1979.

CABREROS DE ANTA, M., *Comentarios al Código de Derecho Canónico*, vol. III, Madrid 1964.

CARRERAS, J., *Comentario a los cánones 1678-1680, 1689-1707*, en *Comentario Exegético al Código de Derecho Canónico*, Obra coordinada y dirigida por A. Marzoa, J. Miras y R. Rodríguez-Ocaña, Vol. IV/2, Pamplona 1996.

CONTE A CORONATA, M., *Institutionies Iuris Canonici*, III, *De proccesibus*, Roma 1956.

CORRAL SALVADOR, C. - URTEGA EMBIL, J. Mª, *Diccionario de Derecho Canónico*, Madrid 1989.

DE DIEGO LORA, C., *Comentario a los cánones 1400-1402, 1430-1437, 1458-1464, 1491-1495, 1607-1618, 1641-1644, 1681-1688*, en *Comentario Exegético al Código de Derecho Canónico*, Obra coordinada y dirigida por A. Marzoa, J. Miras y R. Rodríguez-Ocaña, Vol. IV/1 y 2, Pamplona 1996; IBIDEM., *Poder jurisdiccional y función de justicia en la Iglesia*, Pamplona 1976; IBIDEM, *Estudios de Derecho Procesal Canónico* I, *Temas sobre el ejercicio de la "potestas judicialis"*, Pamplona 1973; IBIDEM, *Estudios de Derecho Procesal Canónico* II, *Temas sobre causas matrimoniales*; Pamplona 1973; IBIDEM, *Estudios de Derecho Procesal Canónico* , III, *La función de justicia en la Iglesia*, Pamplona 1990; IBIDEM, *Estudios de Derecho Procesal Canónico* , IV. *Función Pastoral y Justicia*, Pamplona 1990; IBIDEM, *Nuevas consideraciones sobre la ejecución civil de la nulidad del matrimonio canónico y de la dispensa pontificia del matrimonio rato y no consumado*, en "Ius Canonicum", XXXI, n° 62 (1991), pp. 567-573.

DE DIEGO LORA, C. - LABANDEIRA, E., *La tutela de los derechos en la Iglesia*, en Manual de Derecho Canónico, Pamplona 1988.

DE LEON, E., *Comentario a los cánones 1649-1655*, en *Comentario Exegético al Código de Derecho Canónico*, Obra coordinada y dirigida por A. Marzoa, J. Miras y R. Rodríguez-Ocaña, Vol. IV/2, Pamplona 1996.

DE SALAS, J., *Comentario a los cánones 1645-1648*, en *Comentario Exegético al Código de Derecho Canónico*, Obra coordinada y dirigida por A. Marzoa, J. Miras y R. Rodríguez-Ocaña, Vol. IV/2, Pamplona 1996.

DEL AMO, L., *La demanda judicial en las causas matrimoniales*, Pamplona 1976. IBIDEM, *Interrogatorio y confesión en los juicios matrimoniales*, Pamplona 1973. IBIDEM, *La clave probatoria en los procesos matrimoniales. Indicios y circunstancias*, Pamplona 1978. IBIDEM, *Valoración de los testimonios en el Proceso Canónico*, Salamanca 1969; IBIDEM, *Reflexión acerca de las causas matrimoniales en España*, en "Ius Canonicum" XIV, n° 27 (1974) pp. 169-217; IBIDEM, *La ratificación de la nulidad del matrimonio por el tribunal de apelación, ¿es acto judicial o ejecutivo?*, en "Ius Canonicum" XIV, n° 27 (1974), pp. 351-370; IBIDEM, *El escrito de alegaciones en el proceso matrimonial*, en "Ius Canonicum" XVII, n° 33 (1977), pp. 135-155; IBIDEM, *Sentencias eclesiásticas de nulidad de matrimonio y sus efectos civiles*, en "Ius Canonicum", XXII, n° 43 (1982), pp. 115-164; IBIDEM, *Valoración jurídica del peritaje psiquiátrico sobre neurosis, psicopatías y transtornos de la personalidad*, en "Ius Canonicum", XXII, n° 44 (1982), pp. 651-706.

DELLA ROCA, F., *Nuovi saggi di diritto processuale canonico*, Padova 1988; IBIDEM, *Appunti sul processo canonico*, Milano 1960, IBIDEM, *Instituciones de Derecho Procesal Canónico*, Buenos Aires 1950.

DORAN, T., *Comentario a los cánones 1470-1475, 1530-1538*, en *Comentario Exegético al Código de Derecho Canónico*, Obra coordinada y dirigida por A. Marzoa, J. Miras y R. Rodríguez-Ocaña, Vol. IV/1 y 2, Pamplona 1996.

D'OSTILIO, *Necessità di favorire una giusta rapidità nelle cause matrimoniali*, en "Monitor Ecclesiasticus" 112 (1987), pp. 340-377; IBIDEM, *La durata media delle cause matrimoniali*, en "Monitor Ecclesiasticus" 114 (1989), pp. 185-236.

ESCRIVÁ IVARS, J., *El proceso declarativo de nulidad de matrimonio canónico*, (CPE 2) Cursos y Programas Especializados del Instituto de Ciencias para la Familia, Serv. Publicaciones Universidad de Navarra, Pamplona 1996.

GARCIA FAILDE, J. J., *Nuevo Derecho Procesal Canónico. Estudio sistemático-comparado*, Salamanca 1992; IBIDEM, *Comentario a los cánones 1547-1557*, en *Comentario Exegético al Código de Derecho Canónico*, Obra coordinada y dirigida por A. Marzoa, J. Miras y R. Rodríguez-Ocaña, Vol. IV/1 y 2, Pamplona 1996.

GARCIA LOPEZ, R., *Los "vetita" de las sentencias de nulidad de matrimonio*, en "Ius Canonicum", XVI, n° 32 (1976), pp. 307-356.

GARRALDA ARIZCUN, G., *La legitimación en el proceso declarativo de nulidad matrimonial*, en "Excerpta e dissertationibus in iure canonico". Facultad de Derecho Canónico-Universidad de Navarra, 10 (1992).

GENNA, C., *La sentenza difinitiva nelle cause canoniche di nullità di matrimonio*, en "Monitor Ecclesiasticus" 116 (1991) pp. 519-534.

GHERRO, S., *Studi sul processo matrimoniale canonico*, Padua 1991.

GIL DE LAS HERAS, F., *Comentario a los cánones 1558-1573*, en *Comentario Exegético al Código de Derecho Canónico*, Obra coordinada y dirigida por A. Marzoa, J. Miras y R. Rodríguez-Ocaña, Vol. IV/2, Pamplona 1996; IBIDEM, *La determinación de la controversia y la fórmula de dudas*, en "Revista de Derecho Privado", LXI (1977), pp 227-231; IBIDEM, *La impugnación de la sentencia por el Defensor del Vínculo en las causas matrimoniales*, en "Ius Canonicum", XXI, n° 41 (1981), pp. 277-307; IBIDEM, *Organización judicial en el Nuevo Código*, en «Ius Canonicum», XXIV, n° 47, (1984), pp. 123-196.

GONZALEZ MARIN, A., *Los nuevos medios audiovisuales como prueba en el proceso canónico*, en "Ius Canonicum", XXII, n° 43 (1982), pp. 263-283.

GORDON, I., *Novus processus nullitatis matrimonii. Iter cum adnotationibus*, Roma 1983.

GOTI ORDEÑANA, J., *Principios rectores del proceso canónico y orientaciones en el esquema de reforma*, en VV.AA., *Estudios de Derecho Canónico y Derecho Eclesiástico en homenaje al profesor Maldonado*, Madrid 1983.

GROCHOLEWSKI, Z., *Comentario a los cánones 1417-1429, 1442-1445*, en *Comentario Exegético al Código de Derecho Canónico*, Obra coordinada y dirigida por A. Marzoa, J. Miras y R. Rodríguez-Ocaña, Vol. IV/1, Pamplona 1996; IBIDEM., *Cause matrimoniali e "modus agendi" dei tribunali*, en "Ephemerides iuris canonici" 49 (1994) pp. 131-152; IBIDEM, *De periodo initiali seu introductoria processus in causi nullitatis matrimonii*, en "Periodica de re canonica" 85 (1996), pp. 83-116; IBIDEM, *L'apello nelle cause di nullità matrimoniale*, en "Forum", 4 (1993), pp. 16-94.

GULLO, C., *Comentario a los cánones 1476-1490*, en *Comentario Exegético al Código de Derecho Canónico*, Obra coordinada y dirigida por A. Marzoa, J. Miras y R. Rodríguez-Ocaña, Vol. IV/1, Pamplona 1996.

IGLESIAS ALTUNA, J. Mª, *Procesos Matrimoniales Canónicos*, Madrid 1991.

JORDAN, Mª L., *El «ius accusandi» de los cónyuges en el proceso de nulidad matrimonial*, en «Ius Canonicum», XXV, nº 49 (1985), pp. 157 -174.

JULLIEN, A., *Juges et avocats des Tribunaux de l'Eglise*, Roma 1970.

LABANDEIRA, E., *Las presunciones en Derecho Canónico*, Pamplona 1967; IBIDEM, *Las máximas de experiencia en los procesos canónicos*, en «Ius Canonicum», XXIX, nº 57, (1989), pp. 245-274.

LÓPEZ ALARCON, M. - NAVARRO VALLS, R., *Curso de Derecho Matrimonial Canónico y Concordado*, Madrid 1994.

LÓPEZ MEDINA, A., *La competencia en razón del domicilio de la parte actora en el contexto del c. 1673*, en "Ius Canonicum" 26, 1986, pp. 751-795

LLOBELL, J., *Comentario a los cánones 1404-1416; 1671-1673*, en *Comentario Exegético al Código de Derecho Canónico*, Obra coordinada y dirigida por A. Marzoa, J. Miras y R. Rodríguez-Ocaña, Vol. IV/1 y 2, Pamplona 1996; IBIDEM, *Acción, pretensión y fuero del actor en los procesos declarativos de nulidad matrimonial*, en «Ius Canonicum», XXVII, n° 54 (1987), pp. 625-642; IBIDEM, *La sentencia canónica en las causas de nulidad matrimonial*, en «Ius Canonicum», XXIX, n° 57 (1989), pp. 151-182; IBIDEM, *Centralizzazione normatia processuale e modifica dei titoli di competenza nelle cause di nullità matrimoniale*, en "Ius Ecclesiae" 3 (1991), pp. 431-478.

MADERO, L., *Comentario a los cánones 1596-1597*, en *Comentario Exegético al Código de Derecho Canónico*, Obra coordinada y dirigida por A. Marzoa, J. Miras y R. Rodríguez-Ocaña, Vol. IV/2, Pamplona 1996; IBIDEM, *La intervención de terceros en el proceso canónico*, Pamplona 1982; IBIDEM, *Incidencias y orden procesal en la pluralidad de «capita nullitatis»*, en «Ius Canonicum», XXIII, n° 45, (1983), pp. 133 y ss.

MANZANARES, J., (Ed.) *Cuestiones básicas de derecho procesal canónico*, Salamanca 1993.

MOLINA, A. - OLMOS, Mª E., *Derecho matrimonial canónico, sustantivo y procesal*, Madrid 1991.

MONETA, P., *Comentario a los cánones 1628-1640*, en *Comentario Exegético al Código de Derecho Canónico*, Obra coordinada y dirigida por A. Marzoa, J. Miras y R. Rodríguez-Ocaña, Vol. IV/2, Pamplona 1996; IBIDEM, *La giustizia nella Chiesa*, Bologna 1993.

NAVARRO VALLS, R., *Los fundamentos de la sentencia canónica*, en "Ius Canonicum", XV, nº 30 (1975), pp. 303-330.

ORTIZ, M.A., *Comentario a los cánones 1438-1441, 1465-1469, 1496-1500*, en *Comentario Exegético al Código de Derecho Canónico*, Obra coordinada y dirigida por A. Marzoa, J. Miras y R. Rodríguez-Ocaña, Vol. IV/1 y 2, Pamplona 1996.

PANIZO ORALLO, S., *Comentario a los cánones 1507-1512*, en *Comentario Exegético al Código de Derecho Canónico*, Obra coordinada y dirigida por A. Marzoa, J. Miras y R. Rodríguez-Ocaña, Vol. IV/1 y 2, Pamplona 1996.

POMPEDDA, M.F., *Diritto processuale nel nuovo Codice di Diritto Canonico. Revisione o innovazione?*, en "Efhemerides Iuris Canonici" 39 (1983); IBIDEM, *Il proceso canonico di nullità di matrimonio: legalismo o legge di carità'*, en "Ius Ecclesiae" 1 (1989), pp. 423-447; IBIDEM, *Il valore probativo delle dichiarazione delle Parti nella nuova giurisprudenza della Rota Romana*, en "Ius Ecclesiae" 5 (1993), pp. 437-468; IBIDEM, *La giurisprudenza como fonte di diritto nell'ordinamento canonico matrimoniale*, en "Cuaderni Studio Rotale" 1 (1987), pp. 47-72.

PRIETO MARTINEZ, V., *El Juez ante las causas de nulidad del matrimonio*, en "Ius Canonicum", xxxi, n° 61 (1991), pp 155-172; IBIDEM, *La función directiva del juez en la instrucción de la causa*, en "Ius Canonicum", XXXIV, n° 67 (1994), pp. 65-101.

RAMIREZ NAVALÓN, R. Mª., *La declaración de ausencia y el sometimiento a la justicia del Tribunal en las causas de nulidad matrimonial*, en "Cuestiones actuales de Derecho Canónico y Eclesiástico en el XXV Aniversario de los Acuerdos con la Santa Sede y XX Aniversario de vigencia del CIC", Salamanca 2005, pp. 253-282; IBIDEM, *La presunciones en las causas matrimoniales*, en "Escritos en Honor de Javier Hervada, Ius Canonicum (volumen especial 1999), 485-490

ROBERTI, F., *De processibus*, I y II, Romae 1956.

RODRIGUEZ-OCAÑA, R., *La demanda judicial canónica*, Pamplona 2002. IBIDEM *Comentario a los cánones 1501-1506, 1598-1606, 1674-1675*, en *Comentario Exegético al Código de Derecho Canónico*, Obra coordinada y dirigida por A. Marzoa, J. Miras y R. Rodríguez-Ocaña, Vol. IV/2, Pamplona 1996; IBIDEM., *La legitimación originaria y sucesiva en los procesos de nulidad matrimonial*, en «Ius Canonicum», XXVII , n° 53, (1987), pp. 181-197; IBIDEM, *El Tribunal de la Rota Romana y la unidad de la jurisprudencia*, en "Ius Canonicum", XXX, n° 60 (1990), pp. 423-448; IBIDEM, *La función del Defensor del vínculo (Referencia a las causas matrimoniales por incapacidad)*, en "Ius Canonicum",XXXI, (1991), pp. 173-207; IBÍDEM, *La introducción de la causa y la cesación de la instancia en la instrucción "Dignitas connubii"*, en *"Ius canonicum"* XLVI (2006) 99-137

RODRÍGUEZ - OCAÑA R. (Ed.)/ SEDANO J. (Ed.), *Procesos de nulidad matrimonial. La Instrucción* Dignitas connubii. *Actas del XXIV Curso de Actualización en Derecho Canónico de la Facultad de Derecho Canónico* (Pamplona, 24-26 octubre de 2005), Pamplona Eunsa 2006

SARMIENTO. A.- ESCRIVA IVARS, J.-, *Enchiridion Familiae. Textos del Magisterio Pontificio y Conciliar sobre el matrimonio y la familia (siglos I a XX)*, 2ª edición corregida y aumentada, 10 Volúmenes, Ed. Eunsa, Pamplona 2004.

SERRANO, J.M., *La pericia psicológica realizada solamente sobre los autos de la causa*, Salamanca 1992.

SCHOUPPE, J.P., *Comentario a los cánones 1526-1529*, en *Comentario Exegético al Código de Derecho Canónico*, Obra coordinada y dirigida por A. Marzoa, J. Miras y R. Rodríguez-Ocaña, Vol. IV/2, Pamplona 1996.

STANKIEWICZ, A., *Comentario a los cánones 1513-1516, 1619-1627, 1676-1677*, en *Comentario Exegético al Código de Derecho Canónico*, Obra coordinada y dirigida por A. Marzoa, J. Miras y R. Rodríguez-Ocaña, Vol. IV/1 y 2, Pamplona 1996; IBIBIDEM, *La configurazione processuale del perito e delle perizie nelle cause matrimoniali per incapacità psichica*, en "Monitor Ecclesiasticus" 117 (1992), pp. 217-230; IBIDEM, *La convertibilità delle conclusioni peritali nelle categorie canoniche*, en "Monitor Ecclesiasticus" 119 (1994), pp. 353-384; IBIDEM,

Le caratteristiche del sistema probatorio canonico, en AA.VV., *Il processo matrimoniale canonico*, 2ª ed., Città del Vaticano 1994.

SUBIRA GARCIA, V., *El abogado ante un proceso de nulidad matrimonial*, en "Revista Española de Derecho Canónico" 52 (1995) pp. 729-740.

VITO PINTO, V., *I Processi nel Codice di Diritto Canonico. Commento sistematico al Lib. VII*, Città del Vaticano 1993.

WERNZ, F.J - VIDAL, P., *Ius Canonicum*, Tomo VI, *De Proccesibus*, Roma 1927.

ZAGGIA, C., *Iter processuale di una causa matrimoniale secondo il nuovo Codice di diritto canonico*, en *Il matrimonio nel nuovo Codice di diritto canonico*, Padova 1984.

VV. AA. *Il diritto di difesa nel processo matrimoniale canonico. Atti del 37. Congresso Nazionale di Diritto Canonico* (Pisa, 5-8 settembre 2004). Libreria Editrice Vaticana, Città del Vaticano 2006

VV. AA. *La querela nullitatis nel processo canonico*, Libreria Editrice Vaticana, Col. Studi giuridici 69, Città del Vaticano 2005.

VV. AA., *Comentario exegético al Código de Derecho Canónico*, Obra coordinada y dirigida por A. Marzoa, J. Miras y R. Rodríguez Ocaña, Obra coordinada y dirigida por A. Marzoa, J. Miras y R. Rodríguez-Ocaña, Pamplona 1996.

VV. AA., *Código de Derecho Canónico*, edición anotada a cargo de P. Lombardía y J. I. Arrieta, Pamplona 1983.

VV. AA., *Codi de dret canònic*, Edició comentada a cura d'E. Bajet-B. Dalmaú-O. Oleart, Publicacions de L'Abadia de Montserrat, 1983.

VV. AA., *Código de Derecho Canónico*, edición anotada por profesores de la Universidad Pontificia de Salamanca, Madrid 1983.

VV. AA., *The Code of Canon Law: A Tex and Commentary*, J.A. Corident-T.J. Green-D.E. Heintschel (Eds.), New York 1985.

VV. AA., *Manual de Derecho Canónico*, Pamplona 1988.

VV. AA., *I procedimienti speciali nell diritto canonico*, Città del Vaticano 1992.

VV. AA., *Cuestiones básicas de derecho procesal canónico*, J. Manzanares (Ed.), Salamanca 1993.

VV. AA., *Il processo matrimoniale canonico*, 2ª ed., Città del Vaticano 1994.

书　　名：婚姻诉讼法
作　　者：Javier Escrivá Ivars
译　　者：宋伟光
译　　自：*El Proceso Contencioso Declarativo de Nulidad de Matrimonio Canónico*（西班牙文版）
授　　权：Copyright 2009 Ediciones Universidad de Navarra, S.A. (EUNSA)
准　　印：天主教香港教区副主教 蔡惠民神父
　　　　　2024 年 5 月 24 日
出　　版：清泉出版社有限公司
　　　　　香港九龙尖沙咀柯士甸道 103 号
　　　　　网　　址：http://www.spring-books.com
　　　　　电子邮箱：info@spring-books.com
出版日期：2024 年 6 月 15 日

版权所有　翻印必究

ISBN 978-988-76787-3-1

www.ingramcontent.com/pod-product-compliance
Lightning Source LLC
LaVergne TN
LVHW041701060526
838201LV00043B/520